MICHAEL HENSS

KALACHAKRA

EIN TIBETISCHES EINWEIHUNGSRITUAL

FABRI VERLAG
ULM 1996

Das Titelbild zeigt die Gottheit Kalachakra,
gemalt von einem in Indien lebenden
tibetischen Thangkamaler.

2. erweiterte und überarbeitete Auflage 1992

3. erneut überarbeitete Auflage 1994

4. nochmals überarbeitete Auflage 1996

FABRI VERLAG
Ulm/Donau
ISBN 3-9802199-6-8

Der **7. Dalai Lama** (tibet.: Bskal-bzaṅ-rgya-mtsho, 1708-1757), der herausragende Schriften zum Kalachakra verfaßte.

Inhaltsverzeichnis

Kalachakra (tibet.: Dus-kyi 'khor-lo),
viergesichtig, mit vierundzwanzig Armen, in der Darstellung (folio 494)
des in Lhasa hergestellten Aṣṭasāhasrikā Pantheons,
das auch die 25 Kulika-Könige von Shambhala abbildet.

VORWORT

In den sogenannten 18 Wurzeltantra-Verstößen heißt es, man solle Kalachakra nicht Uneingeweihten erklären.

Wenn ein Einweihungsritual des tibetischen Buddhismus heute außerhalb des entsprechenden Kulturkreises durchgeführt wird und dabei in der Mehrheit westliche Menschen mit einem unterschiedlichen Interesse und Verständnisniveau beteiligt sind, erfordert dies eine Vorbereitung, die die spezifisch kulturbedingten Regeln esoterischer Unterweisung außer Kraft setzt. Das über den Kreis der westlichen Vajrayana-Buddhisten hinausgehende Interesse an der tibetischen Kultur und die mehr oder weniger engagierte Teilnahme an einer in der Schweiz vollzogenen, schwer verständlichen Zeremonie machen eine Verständnishilfe notwendig, zu der diese Einführung einen kleinen Beitrag leisten möchte.

Durch seine komplizierten Rituale und vielschichtige Symbolik gilt das Kalachakra als das schwierigste aller Systeme des tibetischen Buddhismus. Es ist das Herzstück der Vajrayana-Praxis. In einer Geheimsprache abgefaßt, kann es der Nichteingeweihte nur schwer, wenn überhaupt, verstehen. Alle Erscheinungen des Universums und des Geistes werden im Kalachakra zu einem allumfassenden System vereint: zur Erkenntnis und realen Anwendung. Der in Anlehnung an die Publikation der Kalachakra-Initiation in Madison USA 1981 jetzt vom Komitee der Kalachakra-Einweihung Rikon 1985 herausgegebene Leitfaden enthält neben einem Tagesprogramm des Rituals Originaltexte und Einführungen von tibetischer Hand. Inhalt und Form dieser wesentlichen Schrift werden dem esoterischen Charakter von Kalachakra gerecht, lassen aber für ein breiteres Verständnis Fragen offen, die aus westlicher Sicht des Nicht- oder Noch-nicht-Eingeweihten der Antwort bedürfen.

Es soll hier in diesem Sinne der bescheidene Versuch einer zusätzlichen Deutung und Darstellung gemacht werden, die in allgemeinverständlicher Sprache vorwiegend die bisher in doppeltem Sinne schwer zugänglichen Veröffentlichungen auswertet und zusammenfaßt. Nicht der Ehrgeiz wissenschaftlicher Erkenntnis oder der Anspruch tieferer Deutung des Kalachakra-Tantra stehen dahinter, sondern zunächst die eigene Frage: Was ist Kalachakra? Selber darauf eine Antwort zu erhalten und die persönliche Beziehung zu Lehre und Ritual des Kalachakra zu klären, haben mich dazu angeregt, diese Bemühungen auch anderen aus Anlaß der Zeremonie in Rikon zugänglich zu machen. Dies geschieht in der Absicht, dabei meine Kompetenzen nicht zu überschreiten, und in der Hoffnung, die Inhalte und Intentionen von Kalachakra durch Darstellung in einer „exoterischen" Sprache nicht zu verfälschen.

Einzelne Kapitel wurden während meines letzten Tibet-Aufenthaltes im Juni 1985 geschrieben. So waren das Studium der Texte des 1. Dalai Lama zu Kalachakra am Ort seines Wirkens, dem Kloster Tashilhunpo, ebenso inspirierend wie die großen metallenen Mandala-Architekturen im Potala, das originelle, nach einem kürzlich erstmals gezeigten Thangka des Potala entstandene Shambhala-Wandbild im Sommerpalast des 14. Dalai Lama von Lhasa, oder die im wiederaufgebauten Kloster Ganden soeben vollendeten Malereien von Shambhala und Kalachakra. Vor der lichtglänzenden Schneekulisse des Mount Everest schrieb ich den Abschnitt über das „irgendwo im Norden Tibets" liegende sagenhafte Land Shambhala. Die tatsächliche Reise zu den Kulturstätten und Götterthronen Tibets erhielt eine spirituelle Dimension, die weit über das im physischen Sinne Erfahrbare hinausging.

Zürich, im Juli 1985

Michael Henss

Vorwort zur 2. Auflage

Als der 14. Dalai Lama, der die Kalachakra-Initiation 1953 von seinem Tutor Ling Rinpoche erhalten hatte, 1956 seine zweite Einweihung in dieses Tantra im Norbulingka zu Lhasa vor weit mehr Menschen gab als die Stadt Einwohner zählte, wollte er damit 'einen inneren Beitrag zum Weltfrieden leisten'.

Unter dem gleichen universalen Motto stand auch seine zehnte Einweihungszeremonie in Rikon/Schweiz im Juli 1985, aus deren Anlaß diese Schrift verfaßt wurde. Der größte Teil der Auflage wurde damals in Rikon während der mehrtägigen Zeremonie verkauft, und bald danach war diese bis heute einzige ausführlichere deutschsprachige Publikation über Kalachakra vergriffen.

Für die zweite, wesentlich korrigierte, überarbeitete und ergänzte Auflage wurde der Bezug zur Rikon-Einweisung zugunsten des Generellen und Grundsätzlichen verringert. Die Kapitel über die Einweihungsrituale und über das Mandala wurden erheblich erweitert, die Bibliographie vervollständigt und aktualisiert. Hierfür waren insbesondere die Neuerscheinungen von Jeffrey Hopkins (1985) und Glenn H. Mullin (1991) hilfreich.

Die folgenden Einweihungen in Bodhgaya, Los Angeles, Sarnath und New York, die wie auch die vorangegangenen kaum hermetischen und esoterisch-exklusiven Charakter nach dem üblichen Verständnis eines 'geheimen' Initiationsrituals hatten, sondern eher großen buddhistischen Festen glichen, regten das Interesse an diesem so bedeutenden Ritual weiter an, das weniger auf den einzelnen, sondern auf eine Gemeinschaft bezogen ist.

Daß der 'Mystische Kreis der Zeit' neu erscheinen kann, ist vor allem dem Verleger Prof. Jürgen C. Aschoff (Fabri Verlag) zu verdanken, der sich mit viel Elan und Sorgfalt dieser zweiten Auflage angenommen hat.

Zürich, im Januar 1992 — Michael Henss

Naropa (Sansk.: Nāḍīpāda) lebte von 1016 bis 1100 und war einer der bedeutendsten indischen Mahasiddhas. Seine 'Sechs Yogas' gehören zu den ganz wesentlichen Meditationstechniken der tibetischen Kagyü-Tradition. Seine tantrischen Kommentare befassen sich insbesondere mit dem Kalachakra-Tantra.

KALACHAKRA – DEFINITION UND BEDEUTUNG

Das Sanskritwort Kala-chakra, 'Rad der Zeit', wird im Tibetischen als Dus-kyi 'khor-lo (gesprochen: Dünkhor-lo) wiedergegeben. Als 'Zyklus der Zeit', 'Weltperiode' oder 'Kosmische Periode' weist der Begriff auf einen chronologischen Zyklus hin, auf die 'Vajra-Zeit', aus der alle Realität hervorgeht und in der sie stattfindet. Zeit ist hier als die Grundlage von allem überhaupt verstanden. Im Mula-Tantra heißt es: „Alle Wesen entstehen durch Zeit und werden ständig (auch) durch Zeit (wieder) vernichtet. Zeit bedeutet den siegreichen Vajrahalter, dessen Wesen Tag und Nacht ist."

Zeit ist von Raum untrennbar. Alles existiert nur in der Zeit und im Raum. Wir selber sind Teil davon und schaffen beides. Zeit ist die Möglichkeit zur Erfahrung von Wandlung. Unsicher ist eine genetische Verbindung mit dem altindischen Zeitgott Kala, der bereits im Atharvaveda vorkommt. K a l a, die 'Zeit', bedeutet nach der offiziellen theologischen Erklärung eines Kalachakra-Kommentars „die letzte Realität" in ihrer polaren Einheit und das erkennende Subjekt; chakra, 'das Rad' hingegen, 'das zu Erkennende' (H. Hoffmann 1964, S. 128). C h a k r a ist auch global „Raum", und insofern ist Kalachakra das sich in einem Zeitzyklus bewegende physikalische Universum. Es ist eine geheime Lehre, die einem die Herrschaft über die Zeit verleiht, damit man sich aus ihren Fesseln befreien kann.

K a l a ist das allem Sein innewohnende dynamische Prinzip, „die Macht, der alle Dinge, alle Wesen und selbst die höchsten Götter unterworfen sind", C h a k r a die „von einem Zentrum ausgehende Manifestation des dynamischen Prinzips im Raume" (Lama Anagarika

Govinda[1]), die räumliche Entfaltung geistiger oder universeller Kraft (Chakras!). Raum existiert nicht an sich, sondern ist Schöpfung der Bewegung, die auch 'Z e i t' hervorbringt. Raum und Zeit sind Aspekte der Bewegung. Zeit ist nach diesem Verständnis nicht Fortschreiten zu einer geraden Linie, sondern ~ dem Bild einer Spirale vergleichbar ~ Wandel in Wiederholung. Die unlösbare Verbindung von Raum und Zeit hat auch die neuzeitliche Physik bestätigt. Man hat das Kalachakra-Symbol mit dem modernen Begriff des Raum~Zeit~Kontinuums verglichen (H. Guenther). Zeit (Kala) und Raum (symbolisiert durch Chakra) gehen aus dem stets gegenwärtigen dynamisch-schöpferischen Prinzip im Zentrum jeglichen Bewußtseins hervor. Wir leben nicht in der Zeit, sondern die Zeit lebt in uns.

Das Raumgefühl war beim Menschen eher entwickelt als das Zeitgefühl. Das erstere hängt mit der Bewegung des Körpers zusammen, letzteres mit der des Geistes. Im frühen Buddhismus wurde der Zeitbegriff nur als 'rein negative Eigenschaft des Daseins' (unserer flüchtigen Existenz) aufgefaßt. Erst das Kalachakra-System hat ihn jenseits der konventionellen Vorstellungen von der Zeit neu definiert, „als einen stets gegenwärtigen dynamischen Aspekt des Universums und der inhärenten Natur des Lebens und des Geistes, jenseits von Sein und Nichtsein, jenseits von Entstehen und Vergehen" (Lama Govinda, l. c.).

Das Kalachakra-Tantra, eines der zentralen Lehr- und Initiationssysteme des tibetischen Buddhismus und dessen höchste Stufe, ist ein Instrument, eine Technik für die geistige Entwicklung. Es lehrt über die Natur des Geistes, über sein Wirken und wie er sich in allen Erscheinungen manifestiert. Das Kalachakra-Tantra ist ein Weg zur

---

[1] A. Govinda: Schöpferische Kraft und multidimensionales Bewußtsein. Freiburg/Br. 1977.

vollständigen Erlangung und Realisierung der Buddhaschaft. Es gibt die Methoden geistiger Verwirklichung an, mittels derer man auf direktem Wege die Erleuchtung eines Buddha erreicht.

Derartige Methoden und Techniken charakterisieren den Vajrayana-Buddhismus. Sie sollen einen befähigen, auf spontane Art die vollkommene Erleuchtung bereits in diesem Leben zu erlangen. Ziel der Kalachakra-Einweihung ist es, die vollkommene Buddhaschaft in Gestalt der Gottheit Kalachakra und seiner tantrischen Weisheitsgefährtin zu erreichen. Das heißt zugleich die Erlangung der höchsten Glückseligkeit (mahasukha) durch die im Sexualakt der Kalachakra-Gottheit demonstrierte völlige Vereinigung von Weisheit und Methode. In diesem Zustand ist der Mensch der Adi-Buddha, das höchste Prinzip völliger Leerheit, aus dem die Buddhas und die Welten entstehen.

Kalachakra ist ein Lehrsystem und selbst eine Gottheit, ein Aspekt des Buddha, über den wir meditieren können, ja selbst „die Essenz aller Buddhas . . . , die höchste Gottheit im Vajrayana" (Kalu Rinpoche). Es ist, hervorgegangen aus dem uranfänglichen und zentralen Prinzip des Adi-Buddha, der Zyklus von Schöpfung und Zerstörung, der unser Sein bestimmt. Jedes Ding und Geschehnis ist nur von kurzer Dauer und stetem Wandel unterworfen. Die Gegenwart ist im nächsten Moment schon wieder vergangen und besitzt kein Selbst-Wesen. Daher löst sich die Zeit in Leerheit auf.

Nach dem Sekoddesa-tika des Naropa (*[1016-1100]*, siehe Abb. Seite 8), dem 'Kommentar zur Abhandlung über die Einweihungen', dem einzigen erhaltenen Abschnitt des 'Kalachakra-Wurzeltantra', ist

Kala die Erscheinung (phenomenal existence) und Chakra die Leerheit (vacuity). Kalachakra ist die Verkörperung von Mitleid und Leere. Im Zustand der Vereinigung mit seiner Weisheitsgefährtin (prajna) zerstört die Kalachakra-Gottheit alle Unwissenheit und Verblendung und ruft die höchste Glückseligkeit hervor.[2] Dabei wird folgende Bedeutung des Wörtlichen gegeben:

> 'Ka' meint, daß der Kausalzusammenhang aufgehört hat fortzubestehen,
>
> 'la' ist das kosmische Wiederaufsaugen,
>
> 'cha' das ständige im Fluß befindliche, sich entwickelnde Bewußtsein, und
>
> 'kra' der Prozeß weltlichen Anhaftens.

Erstere zwei umfassen den Zustand der Transzendenz (dharmadhatu), letztere zeigen das Erscheinen der Objektivität mit Sinnen und Elementen an.

Es geht in der Kalachakra-Lehre darum, sich über den Kreislauf der Phänomene, der Wiedergeburten (samsara) zu erheben, das ganze Universum im eigenen Körper visualisierend. Man soll selber die Einheit mit der Kalachakra-Gottheit als dem allumfassenden Buddha erlangen.

---

2 Sekoddesa-tika: „Karuna-sunyatamurtih kalah samvrtirupini, sunyata cakram ityuktam kalacakro dvayo ksarah", nach S. K. R. Rao, Tibetan Tantrik Tradition, Delhi 1977, p. 57.

Kalachakra – ein Lehrsystem, eine figürlich dargestellte Gottheit, ein Einweihungsritual

Charakteristisch im Vergleich zu anderen 'Höchsten Yoga-Tantras' ist im Kalachakra, dem 'König der Tantras', die offene Art der Einweihung bei geringer oder gar keiner Vorkenntnis in der Praxis bei den Schülern. An der Einweihung ~ dem einzigen 'öffentlichen' Initiationsritual im tibetischen Buddhismus ~ nehmen oft nicht nur einige wenige Initianten teil, sondern bis zu mehreren tausend gleichzeitig. Grund dafür ist eine universal anwendbare Symbolik. Die Einzigartigkeit des Kalachakra-Systems im Vergleich mit den anderen drei Höchsten Yoga-Tantraklassen beschreibt der 13. Dalai Lama (siehe Abb. Seite 16) in seiner 'Zusammenfassung der Kalachakra-Überlieferung':

> *"Eine andere Tradition der Höchsten Yoga-Tantraklassen ist das Kalachakra, ein den tantrischen Pfad im Vergleich mit den anderen Höchsten Yoga-Tantras recht unterschiedlich verifizierendes System. Dieses 'reine' Tantra wird gewöhnlich separat von den anderen Höchsten Tantras gelehrt und praktiziert, da seine innere Struktur beträchtlich von derjenigen der Haupttraditionen (Guhyasamaja, Yamantaka und Heruka Chakrasamvara) abweicht" [nach Mullin 1991].*

Man unterscheidet drei Arten des Kalachakra: das Äußere, Innere und Alternative Kalachakra, d.h. es kann auf drei verschiedenen Ebenen begriffen werden:

1. Äußeres Kalachakra

Es beschreibt und umfaßt den Makrokosmos, die 'Äußere Welt' seit der Entstehung des Universums, die Welt, in der wir leben. Astronomie und Geographie, Astrologie und mathematische Berechnungen zu ihrer praktischen Anwendung nehmen darin einen zentralen Teil ein, u. a. das Land Shambhala, auf das wir noch in einem eigenen Kapitel zurückkommen werden. Die Praxis des 'Äußeren Kalachakra' versucht in den Konstellationen der Sterne und Planeten Zyklen und Kräfte aufzuspüren, die unser Sein bestimmen. Tibetische Astrologie und Kalenderrechnung haben hier ihre wesentlichen Wurzeln. Auch Technisches kommt vor wie die Beschreibung bestimmter Waffen, die einst in einer letzten Schlacht gegen das Böse und die Feinde der buddhistischen Lehre eingesetzt werden sollen. Das 'Äußere Kalachakra' ist nicht esoterisch. Es ist jedem ohne Einweihung zugänglich.

2. Inneres Kalachakra

Es behandelt den Mikrokosmos, den Körper und Geist des Menschen und sein Energiesystem sowie seine Methoden in der Meditation, seine innere Struktur, und es erklärt die allgemeine Funktion des feinstofflichen Nervensystems und seine Beziehungen zu den Sinnes- und Bewußtseinsarten. Dieses auf den menschlichen Körper und Geist bezogene 'innere Rad der Zeit' enthält die fünf Persönlichkeitsaggregate, die das psychophysikalische Ganze einer Person bilden.

3. Alternatives Kalachakra

Es enthält die Lehre von den Beziehungen und Analogien des Äußeren und Inneren Kalachakra. Wie das 'Innere Kalachakra' ist das

'Alternative Kalachakra' nur dem Eingeweihten zugänglich. Es ist dem spirituellen Bereich gewidmet, den yogischen Praktiken, beschreibt die Gottheiten und Mandalas und ihre praktische Anwendung in der Meditation. Hier lernt der Adept auch die heiligen Silben zu visualisieren, die Mantras, vor allem das Namdschuwangdan (rNam-bcu dbang-ldan, siehe Abbildung auf Seite 110), 'das mächtige Eine in zehn Formen', das wir später noch gesondert erläutern werden. Es ist das Erkennungszeichen, das 'Emblem' des Kalachakra, das in seiner stenographischen Verkürzung als eine Art 'Weltformel des Vajrayana' (G. Grönbold) gelten kann.

Die Praxis des 'Alternativen Kalachakra' visualisiert die Hauptschutzgottheit, d.h. die Kalachakra-Gottheit selber. Auf dieser spirituellen Ebene führt es zum Sieg über die Vorherrschaft der externen Zeitzyklen und dem inneren Fluß der Energien des Körpers. Hier geht es um das Studium und die Praxis der eigentlichen Kalachakra-Gottheit und seiner Mandalaresidenz. Eine vollständige Initiation befähigt einen, alle diese Ebenen zu erfahren und zu praktizieren. Als 'Alternatives Rad der Zeit' gilt der Weg der Yogas der Erzeugungs- und der Vollendungsstufe des Kalachakra-Tantra. Diese Praxis ermöglicht es einem, die unreine Form des Äußeren und Inneren Rades der Zeit zu reinigen.

Es spricht einiges dafür, daß das Kalachakra zentralasiatischen Ursprungs ist, d.h. aus buddhistischen Gebieten nicht-indischer Völker nach Indien von Nordwesten her eingeführt wurde, was der stark synkretistische Charakter beweist. Islam und Manichäismus waren den Kalachakra-Autoren bekannt, und die grundlegenden Quellen nennen die Propheten des Westens wie Adam, Enoch, Abraham, Moses, Jesus, Mani und Mohammed.

Der 13. Dalai Lama (1876-1933) beschrieb die Einzigartigkeit des Kalachakra-Tantra im Vergleich mit den drei anderen Höchsten Yoga-Tantraklassen in seiner 'Zusammenfassung der Kalachakra-Überlieferung'.

Texte und Quellen

Wo finden wir in der tibetischen Literatur die Originaltexte zum Kalachakra-Tantra? Das Hauptwerk des Kalachakra wurde im Tanjur aufgenommen, den ~ in der Regel ~ 225 Kommentarbänden zum Kanjur (108 Bände), 'die Übersetzung der Anweisungen' (des Buddha), Texte, die im 8. bis 13. Jahrhundert aus dem indischen Sanskrit, Pali und aus dem Chinesischen ins Tibetische übertragen wurden. Der Kanjur ist der tibetischsprachige Kanon der buddhistischen Überlieferung, der die Lehrreden des Buddha und seiner Schüler enthält (Sutra, 30 Bände), die Regeln des Klosterlebens und der mönchischen Disziplin (Vinaya, 13 Bände), philosophische Texte (Abidharma, transzendentale Weisheit, 35 Bände) und Werke über Geheimlehren (Tantra, Riten, Yoga-Praxis, 21 Bände). Der Tanjur, die 'Übersetzung der religiösen Lehren', enthält die Erläuterungen der im Kanjur zusammengefaßten Texte, dazu zahlreiche Abhandlungen über Astrologie, Heilkunde, Grammatik, Dichtkunst, Malerei, Philosophie, Logik, Rhetorik und Prophetie. Beide religiösen Enzyklopädien, die 'Bibel des tibetischen Buddhismus', wurden in der endgültigen, bis heute vorhandenen Form von dem bedeutenden Religionsgelehrten und Abt des Shalu-Klosters (bei Shigatse) Bus-ton Rinpoche (gesprochen: Butön, *1289-1364*, siehe Abb. Seite 18) redigiert und erarbeitet, dessen Kommentar, der ausführlichste überhaupt, das Kalachakra tantra raja, ein ganz wesentlicher Text zum Kalachakra ist.

Von größter Bedeutung ist ferner das Kalachakra-mula-tantra, das den legendären Shambhala-Königen zugeschrieben wird und gekürzte Fassungen sowie Kommentare beinhaltet. Der Legende nach ist dieser verlorengegangene Grundtext des Kalachakra schon kurz nach des Buddhas Lehrrede in Shambhala notiert worden. Im 11. Jahrhundert

Bu-ston (1289-1364), der im Kloster Shalu lebte und arbeitete, schrieb den ausführlichsten aller Kommentare zum Kalachakra, das Kalachakra tantra raja.

verfaßte der große Vajrayana-Buddhist Abhayagaragupta das Kalachakra-vatara, das 'Verständnis des Rades der Zeit'. Aus dem hochbedeutenden Kommentar zum Kalachakra-Tantra, dem Vimala-prabha (wohl 11. Jahrhundert) geht nach bestimmter Auffassung hervor, daß durch Einführen der Kalachakra-Verehrung ein Versuch gemacht wurde, die sich befehdenden Hindus und Buddhisten gegen den islamischen Kultureinfluß zu vereinen (B. T. Bhattacharya).

Unter der für das Studium der Kalachakra-Lehre hervorragenden Literatur nimmt der mehrbändige Kommentar des Tsongkhapa-Schülers mKhas-grub-rje (gesprochen: Kedup-je, *1385-1438*) aus dem Jahr 1434 einen besonderen Rang ein. Und ebenso die 'Bemerkungen zum Kalachakra' des 1. Dalai Lama, dGe'dun grub (gesprochen: Gendün Dub, *1391-1475*, siehe Abb. Seite 40). Hier begann die vor allem mit der Gelugpa-Schule verbundene, wesentlich auch durch die Dalai Lamas geförderte Tradition des Kalachakra, die in den ebenfalls herausragenden Schriften des 7. Dalai Lama (*1708-1757*, siehe Abb. im Vorsatz) einen weiteren Höhepunkt erfuhr. Die bekannten religionshistorischen 'Blauen Annalen' (Deb-ther snong-po) von 1478 schließen ein Kapitel über die Vorbereitungsgeschichte des Kalachakra in Zentralasien ein.
Auch im 16. Jahrhundert beschäftigten sich die ersten Religionslehrer des Lamaismus mit Kalachakra, so der den Drukpa Kagyüpa angehörende Padma dKar-po (gesprochen: Päma Karpo) mit einem Abschnitt über die Beziehungen von Kalachakra und dem Königreich Shambhala, und der Historiker Taranatha (siehe Abb. Seite 70) mit mehreren Schriften und einem Führer zu Kalachakra. Wesentlich ist ferner der im Kloster Tashilhünpo gedruckte, vierbändige Kommentar des 1. Panchen Lama (*1571-1662*, siehe Abb. Seite 125). Zu den Quellen gehören schließlich diverse Texte zu Shambhala ~ so z.B. die

von A. Grünwedel übersetzte Studie des 3. Panchen Lama – ein für den Ursprung des Kalachakra ganz wichtiges Thema, das in einem eigenen Kapitel behandelt werden soll.

Zwar sind Kalachakra-Initiationen auch bei den Rotmützen – vor allem bei den Schulrichtungen der Kagyüpa, Sakyapa und Jonangpa – üblich, doch ist diese Überlieferung vorrangig mit den Gelugpa-Klöstern verbunden, wo es auch auf Kalachakra spezialisierte Fakultäten gab, so z.B. in Tashilhünpo (Dun-khor grwa-tshang) und im Kumbum-Kloster bei Xining (ehem. Amdo). Das drei- bis vierjährige Kursprogramm glich hier sehr demjenigen der Tantra-Kollegien der großen Klöster. Als Beispiele für die Karmapa Kagyüpa seien die Einweihungen in Stockholm 1982 durch Kalu Rinpoche und in Malaga 1994 durch Lopön Tsedun Rinpoche erwähnt, für Sakyapa solche in den zurückliegenden Jahren in Kathmandu und Lumbini durch Chobgyä Trichen Rinpoche. Innerhalb der Gelukpa gab es Kalachakra-Initiationen in Dharamsala durch Ling Rinpoche, Serkhong Rinpoche und Kirti Tsenshab Rinpoche (geb. 1926 in Amdo). Letzterer ist als bedeutender Meister der Kalachakra-Lehren bekannt, ist lineage holder der Überlieferung des ‚Stainless Light‘-Kommentars zum Kalachakra Tantra und gibt am 29./30. Juni 1996 in London die Einweihung und anschließend Belehrungen zu den Stainless Light und Kalachakra Six-Session Guru Yoga Kommentaren. Die Stainless Light Kommentare bilden eine der Kalachakra Überlieferungen, die auch vom 14. Dalai Lama vollzogen werden. In Tibet nach 1959 fand lediglich im Jahr 1994 eine Kalachakra-Einweihung im Kloster Labrang (Amdo) statt, die ein älterer Tulku dieses Klosters gab.

Die enge Beziehung des Dalai Lama zum Kalachakra-Tantra kommt nicht nur in den mehrfach erteilten öffentlichen Einweihungen zum Ausdruck, sondern auch z.B. in den Wandmalereien des Potala und des Sommerpalastes in Lhasa, wo große Darstellungen des Dhanyakataka-Stupa und des Shambhala-Reiches davon Zeugnis geben.

Geschichte und Überlieferung

Vor tausend Jahren entstand das Kalachakra-Tantra vermutlich in Zentralasien als einer der letzten Sanskrittexte des hier zunehmend vom Islam bedrängten und bald vertriebenen Buddhismus. Die kontinuierliche Überlieferungslinie des Kalachakra-Tantra führt bis auf den Buddha selber zurück. Ein Jahr nach seiner Erleuchtung oder, nach anderer, Tradition kurz vor seinem Tod habe der Buddha am Stupa von Dhanyakataka, nahe dem Kistna-Flußdelta in Südindien, esoterische Lehren offenbart, besonders solche, die mit dem Bodhisattva der Weisheit, Manjushri, zusammenhängen. Dabei bat ihn der vom weit im Norden gelegenen Reich Shambhala angereiste König Suchandra (tibet. Dawa Zang-po, Zla-ba bzang-po, siehe Abb. Seite 126), ihn das Kalachakra-Tantra zu lehren. Der Buddha manifestierte sich daraufhin in Gestalt der Kalachakra-Gottheit und gab die Initiation und die Lehre. Suchandra, der mit 96 Fürsten seines Reiches nach Indien gekommen war, brachte diese Lehre nach Shambhala, wo sie fortan bewahrt und als Staatsreligion gepflegt wurde. Dieser erste König von Shambhala, eine Inkarnation des Bodhisattva Vajrapani, habe 1200 Kommentare zum Kalachakra verfaßt und in der Hauptstadt von Shambhala ein riesiges dreidimensionales Kalachakra-Mandala errichtet.

Der Überlieferung von der ersten Kalachakra-Lehre am Stupa von Dhanyakataka, der verschiedentlich mit dem historisch nachweisbaren Stupa von Amaravati gleichgesetzt wurde (von G. Roerich, siehe H. Hoffmann 1964, S. 129), liegt offensichtlich die Motivation zugrunde, wonach die von außen nach Indien gelangte Lehre schon von Anfang an mit Indien bzw. mit dem Buddha verbunden wurde. Nach Suchandras Tod wird die Lehre zunächst von sieben weiteren Shambhala-Königen bewahrt und gelehrt. Der 8. König, Manjushrikirti (siehe

König Manjushrikirti (tibet.: Hjam-dpal-grags-pa), der 8. König von Shambhala, soll 35 Millionen Gläubige initiiert haben, weshalb er als erster **Kulika** ('der, der die [Kalachakra] Lehren weitergibt') -König bezeichnet wird.

Abb. Seite 22), soll so viele Menschen in das Kalachakra-Mandala eingeweiht haben, daß er wie seine Nachfolger 'Kulika' genannt wurde, 'einer, der die Überlieferung weiterträgt'. Auf ihn geht die heutige, kürzere Version des Kalachakra-Tantra zurück. Zahlreiche jeweils 100 Jahre herrschende Kulika-Könige folgten, bis einst König Rudra Chakrin (siehe Abb. auf Seite 30), der 25. Kulika-König, die Feinde des Buddhismus vernichtete und das 'Goldene Zeitalter' eingeleitet wird. Unter dem 12. König kam im Jahre 960 die Kalachakra-Lehre nach Indien. Dies ist der Überlieferung zufolge dem ersten tibetischen Guru des Kalachakra, dem aus Orissa stammenden T s i l u p a (Chilupa), zu verdanken, der im 10. Jahrhundert nach Shambhala aufgebrochen und dann die Lehre im Jahr 966 nach Indien gebracht habe. Nach einer Tradition erreichte Tsilupa Shambhala aber gar nicht, sondern traf auf halbem Wege den als Mönch verkleideten König dieses Reiches, der ihn vor den nahezu unüberwindlichen Schwierigkeiten des Weges dahin warnte und ihm daraufhin die grundlegenden Kalachakra-Lehren übermittelte.

Tsilupa (siehe Abb. auf Seite 26), mit Sanskritnamen Kalachakra-pada genannt, wird von mehreren Autoren mit Tilopa identifiziert, einem der Kirchenväter der Kagyüpa-Schulrichtung, deren Vertreter in ihm den ersten Lehrer des Kalachakra sehen. Der aus einer Brahmanenfamilie in Orissa stammende Tsilupa wurde im Jahr 988 zum Mönch im tantrischen Kloster von Somapuri (Bengalen) ordiniert und lehrte nach seiner Rückkehr von Shambhala an der N a l a n d a - K l o s t e r a k a d e m i e (Bihar/Nordindien), die im 9./10. Jahrhundert die bedeutendste religiöse und philosophische Hochschule Asiens war. Nalanda war um die Jahrtausendwende auch der erste Ort für die Ausbildung der späteren buddhistischen Systeme des Vajrayana, die oft von hier aus nach Tibet gelangten. Tilopa bzw. Tsilupa, ein tantrischer Luther, schrieb in Nalanda die 'Zehn Mächtigen Silben' an die Klosterpforte, dazu eine programmatische These, eine Kampfansage an die älteren buddhistischen Schulen: 'Der, der nicht den Adi-Buddha kennt, kennt nicht den Kreislauf der Zeit' (Kala chakra). Tsilupa diskutierte über diese Thesen mit dem großen Abt von Nalanda, N a r o - p a *(1016-1100,* siehe Abb. auf Seite 8), den er initiierte, und mit 500 Weisen ~ und er besiegte sie alle. Von ihm aus ging dann die Übertragungslinie weiter. Seit dieser 'Disputation von Nalanda' war das Kalachakra offiziell bekannt und eingeführt. Naropa, der seinerseits Atisha in das Kalachakra-Tantra einführte, wurde einer der hervorragenden Autoren der Kalachakra-Literatur. Im Tanjur finden sich mehrere Abhandlungen Naropas zum Kalachakra (insbesondere sein 'Kommentar zur Abhandlung über die Einweihungen').

Im Jahre 1026 führte der vom Übersetzer 'Bro Shes-rab-grags eingeladene Kaschmir-Brahmane und zugleich Schüler Naropas, S o - m a n a t h a, das Kalachakra in Tibet ein und errichtete den heute noch für die tibetische Zeitrechnung verbindlichen 60-Jahre-Zyklus. Mit ihm begann eine bedeutende Reihe von Lehrern des Kalachakra. Dank Tilopa (bzw. Tsilopa) und Somanatha wurde der umfangreichste repräsentative Kommentar ins Tibetische übersetzt, der Vimalaprabha ('Makelloser Glanz'). Ebenso das Laghu-Tantra, das in der Sanskrit- und Tibetischversion überliefert ist. Die zweite wichtige Guru-Linie wurde als 'Schule von Rva' durch Rva Chos-rab gegründet, der ebenso wie Somanatha in Kaschmir studiert hatte, zusammen mit einem ehemaligen Schüler Naropas. Kaschmir war neben Bengalen und Bihar das zweite große Zentrum der Mahayana- und Vajrayana-Schulen, der tantrischen Gelehrsamkeit, und es sei nur in diesem Zusammenhang daran erinnert, daß Padmasambhava (8. Jahrhundert) aus dieser Region stammen soll, und daß einer der größten Vertreter der 'buddhistischen Renaissance' im 11. Jahrhundert, Rinchenzangpo, sich von hier Bildung und Nachfolger holte.

Das Jahr 1027 ist das erste Jahr des tibetischen 60 Jahre Tierzyklus, eine gewöhnlich A t i s h a *(ca. 982-1054)* zugeschriebene Leistung. Dieser überragende, aus Ostbengalen stammende Religionsgelehrte, hat dieses chronologische System wohl nicht gerade eingeführt, aber doch systematisiert. Sein Werk zur Chronologie muß hier noch den bereits zuvor genannten Texten und Schriftquellen hinzugefügt werden. Ebenso der 1027 verfaßte tibetische Kommentar zum Laghu Kalachakra-Tantra, die schon erwähnte Vimalaprabha-Schrift.

Seit dem Kalachakrajahr 1027 wird der bekannte 60-Jahreszyklus gezählt. Abfolge, Wiederkehr und Analogie der verschiedenen Zeitperioden werden im Kalachakra-Tantra erklärt. Astrologisch-astronomische Elemente bilden die Basis des ganzen Kalachakra-Systems. In deifizierter Form sind sie zu einem Mittel der Erlösung erhoben worden. Wesentlich in diesem Zusammenhang ist auch der für den tantrischen Buddhismus charakteristische Glaube an die Identität von Makro- und Mikrokosmos. Die Zeit mit ihren verschiedenen Zyklen, von der Stunde bis zum Jahr, wohnt unseren Energieströmen inne. Das Kalachakra stellt die Korrespondenz her zwischen dem Fluß der Zeit im Universum und den Vitalströmen und energien im menschlichen Körper. Mit der Kontrolle über diese ~ besonders über die auf- und abwärts fließenden ~ Vitalströme kann auch der Fluß der Zeit zum Stillstand gebracht werden. Dadurch wird Zeit transzendiert und die den Erscheinungen innewohnende Notwendigkeit von Werden, Wandlung und Verfall überwunden.

Tsilupa (sanskr.: Kalachakra-pada), der aus Orissa stammende erste Guru des Kalachakra, führte im 10. Jahrhundert an der Klosteruniversität Nalanda mit dessen Abt Naropa die 'Disputation von Nalanda': seit diesem Zeitpunkt ist das Kalachakra offiziell bekannt.

Wesentlich für das Kalachakra ist der Gedanke, daß das ganze Universum mit allen seinen Erscheinungen tatsächlich im eigenen Körper existiert. Wir alle gehen durch die verschiedenen äußeren und inneren Zyklen hindurch. Und so lassen sich entsprechend zu den drei bereits genannten Kalachakra-Ebenen auch drei Arten des Zeitzyklus unterscheiden (A. Berzin): Der durch Zeitperioden wie Monate, Jahre usw. bestimmte 'Äußere Zeitzyklus' über Planetenbewegungen u.ä.; der die Energien in unserem Körper bezeichnende 'Innere Zeitzyklus', z.B. der Rhythmus der Atmung, wobei auch unsere Gefühle und Stimmungen auf diesen Rhythmus bezogen sind, und der 'Alternative Zeitzyklus', der sich mit den eigentlichen Wegen der Praxis befaßt.

60 Jahre nach seiner Einführung in Indien war das Kalachakra nach Tibet gekommen. Im 13. Jahrhundert ging die Übertragungslinie über Sakya Pandita und desen Neffen Phagpa an Butön, dessen Schüler Chö-kyi päl-wa (Chos Kyi dpalpa) sie an Tsongkhapa weitergab, der nach einer Meditation eine Kalachakra-Vision hatte und prophezeite, daß er so intensiv wie König Dawa zangpo die Kalachakra-Lehre propagieren werde.

Zu einem wesentlichen Teil kam die Kalachakra-Überlieferung durch die Linie der Dalai Lamas auf die heutige Zeit. Der 14. Dalai Lama erhielt die Einweihung und Überlieferung dieses Tantras von seinem spirituellen Lehrer, Kyabje Ling Dorje Chang Rinpoche (sKyabs-rje Yongs-'dzin Gling Rinpoche), der als Abt des von Tsongkhapa 1409 gegründeten ersten Gelugpa-Klosters Ganden in der direkten Linie des sich durch seine Kommentare zum Kalachakra auszeichnenden Tsongkhapa stand und damit ein 'Bewahrer des Kalachakra' war. Im Kalachakra-Ritual ist der Dalai Lama der Tantra-

Meister ('Vajra-Meister') und selber die Kalachakra-Gottheit. Er verkörpert den männlichen und weiblichen Aspekt in der Vereinigung von Methode und Weisheit, einen wesentlichen tantrischen Gedanken, auf den wir im Kapitel über die Darstellung und Ikonographie von Kalachakra zurückkommen werden. Die zuweilen geäußerte Ansicht, der Dalai Lama könne die Kalachakra-Einweihung insgesamt nur dreimal geben, ist unrichtig. Bis Ende 1996 wird der 14. Dalai Lama weltweit 24 Kalachakra-Einweihungen gegeben haben, so in Lhasa 1954 und 1956, Dharamsala 1970, Bylakuppe 1971, Bodhgaya 1974 und Ende 1985, Leh/Ladak 1976, Madison/USA 1981, Tabo/Spiti 1983, Arunachal Pradesh 1983, Rikon/Schweiz 1985, Los Angeles 1990, Sarnath 1991[3], New York 1991, in Lahaul 1992, Mundgog 1994, Barcelona 1994 sowie in 1995 in der Mongolei und erneut in Mundgod bzw. Sonada. Zum Zeitpunkt der Neuauflage dieses Buches wird der 14. Dalai Lama vom 28. Juni bis 3. Juli 1996 die Kalachakra-Initiation erneut in Tabo durchführen, aus Anlaß der Tausendjahrfeier dieses 996 von dem berühmter Großen Übersetzer Rinchen Zangpo (958-1055) gegründeten Klosters. Für 1996 sind zudem weitere Kalachakra-Initiationen des Dalai Lama geplant, und zwar im September in Australien und im Dezember in der Nähe von Darjeeling.

Einer der Gründe, warum der Dalai Lama die Kalachakra-Einweihung des öfteren gibt, liegt in der tiefen Bodhisattva-Tugend des religiösen Oberhauptes aller Vajrayana-Buddhisten. Da nämlich in Zukunft die 25 Kalki-Könige ('Propagatoren') über das Universum herrschen und nochmals die Kalachakra-Lehren verbreiten werden, werden alle, die diese Initiation zuvor erhalten haben, im Zustand völliger Reife wiedergeboren, um durch diese meditative Praxis Erlösung zu erlangen.

---

[3] Für eine Einweihung in Gangtok (Sikkim) in den 1990er Jahren konnte das genaue Jahr nicht ermittelt werden.

Kalachakra und Shambhala

Das sagenhafte Land Shambhala ist Ursprungs- und Überlieferungsort des Kalachakra. „Irgendwo im Norden Tibets" gelegen, ist es den Texten zufolge von einem Ring aus Schneebergen umgeben, deren Spitzen wie Kristalle und Juwelen funkeln. Nur fliegend ~ im spirituellen Sinne der Reise ~ kann man diese Gebirgsketten überwinden. In diesem Ring umgibt ein weiterer Kranz aus noch höheren Schneegipfeln die Hauptstadt Kalapa.

Zwischen beiden Gebirgsringen teilen kleinere Bergketten und Flüsse das Land in acht Teile: Shambhala erscheint auf den gemalten Darstellungen wie eine achtblättrige Lotusblüte. In jedem dieser acht blütenförmigen Teile sind zwölf Fürstentümer angesiedelt. In Kalapa gebietet der König von Shambhala mit der Macht und mit dem Reichtum eines Weltenherrschers (Chakrin) in einem von Gold und Edelsteinen glänzenden Palast. Hier gibt es weder Krieg noch Krankheit oder Hungersnot. Alle Menschen leben in Frieden und Harmonie. Für Feindschaft und Krieg gibt es nicht einmal Worte. Alle Gesetze sind gerecht. Die Sprache der Bewohner ist das klassische Sanskrit.

Shambhala ist das verborgene Paradies, wo eine Dynastie erleuchteter Könige, die 'Kalkins' (tib.: rigs-ldan, zu deutsch etwa 'Stammesfürsten'), die geheimsten Lehren des Buddhismus bewahrt, bis in einem 'Goldenen Zeitalter' Krieg, Habgier, Macht und Reichtum wieder durch die Wahrheit (des Dharma) ersetzt sein werden. Dann vernichten die Armeen von Shambhala die Mächte des Bösen, und unter der Herrschaft der Könige von Shambhala wird die Welt wieder gerecht und friedlich sein. Suchandra (tibet. Dawa zangpo) war der erste von sieben Priesterkönigen von Shambhala, denen weitere 25 als 'Kalki' (die zehn Inkarnationen des Vishnu) bekannte Herrscher

König **Rudra Chakrin** (tibet.: Drag-po-ḥkhor-lo-can), eine Manifestation des Bodhisattva Manjushri, ist der 25. Kulika-König, der im Jahr 2337 (oder sogar früher) den Thron von Shambhala besteigen soll. Es wird vorausgesagt, daß er mit seinen Armeen im Jahr 2425 alle Feinde des Buddhismus vernichten wird.

folgten. Heute regiert Mangapa, der 22. König, nach anderen Texten Aniruddha, der 21. König, die 1927 die Regierung angetreten haben und diese bis zum Jahr 2027 ausüben werden. Ungekrönter König von Shambhala ist im Kalachakra Ritual der die Initiation gebende Lama, d.h. gewöhnlich der Dalai Lama oder eine andere hohe religiöse Persönlichkeit.

Der 25. Kalki-König, Rudra Chakrin, 'Der Rasende mit dem Rad', besteigt im Jahr 2337 den Thron von Shambhala als dessen letzter König und wird dann mit zwölf Armeen (zwölf Zodiakzeichen) alle Feinde des Buddhismus venichten. Rudra Chakrins Rad, das ihm vom Himmel zugefallen ist, ist das Symbol des Weltenherrschers, es symbolisiert das weltliche Gesetz und die spirituelle Macht, ist aber auch eine buddhistische Anspielung auf das 'Rad der Lehre' (Dharma-chakra).

In der tibetischen Kunst halten alle tibetischen Könige, insbesondere die ersten 'Religions-Könige' (Dharma-raja), und die Dalai Lamas dieses Rad der Lehre bzw. Weltenrad in der Hand. Dieses buddhistische Symbol macht sie zu Garanten des Dharma, zu den 'Königen des Gesetzes', ist aber zugleich ein Sinnbild ihrer weltlichen Herrschaft. Als Chakravartin (Weltenherrscher) halten sie das auf das kreisrunde Universum anspielende Weltenrad in den Händen. Denn der Dharma ist nicht nur das religiöse Gesetz, sondern zugleich das im profanen Alltag gültige. Beides ist nicht zu trennen.

Rudra Chakrin, eine Manifestation des Bodhisattva Manjusri, wird einst die Barbaren und alle Feinde des Dharma vernichten und danach ein neues Goldenes Zeitalter eröffnen. Dann wird die buddhistische Lehre der Selbstlosigkeit, des Mitleids und der Gewaltlosigkeit ihren Weg nehmen. Über den genauen Zeitpunkt dieses Ereignisses bestehen aber in der schriftlichen und mündlichen Überlieferung unterschiedliche Ansichten, da den Kalki-Königen eine teilweise kürzere Lebenszeit zugeschrieben wird und somit das Goldene Zeitalter schon viel früher, in naher Zukunft, eintreffen kann. Zuvor werden noch Naturkatastrophen, Krankheit, Hungersnot und Krieg über die Welt hereinbrechen. Materialistisches Denken wird unter den Menschen jegliche Religiosität verdrängt haben. Nach gewissen Mutmaßungen werden dann zwei Großmächte über die Welt herrschen und gegeneinander antreten.

Die Tibeter sehen hier einen Dritten Weltkrieg voraus (E. Bernbaum 1982, S. 249 ff.). Bernbaum deutet diese 'letzte Schlacht' in einem tieferen Sinne, denn hier überwinde die reine Bewußtheit des innersten Geistes schließlich „die Täuschungen und Einbildungen des Ichs". Die 'letzte Schlacht' stelle darüberhinaus ein „Todes- und Wiedergeburtserlebnis dar, das auf dem Weg zur Befreiung unerläßlich ist."

Auffallend sind hier die eschatologischen Ideen hinter dem Motiv der 'letzten Schlacht'. Sie weisen auf westlichen, unbuddhistischen Ursprung hin, da sie im Gegensatz zum rein zyklischen Denken ~ etwa von den aufeinanderfolgenden Weltzeitaltern ~ des indischen Kulturkreises stehen. Mit Recht auch wurde in diesem Zusammenhang an die politisch-geistige Situation in Zentralasien, Ostiran und Nordwestindien erinnert, wo im 10./11. Jahrhundert muslimische Invasoren zunehmend in buddhistische Gebiete einfielen und zahlreiche Zentren dieser Kultur verwüsteten. Wenn der Shambhala-Mythos im Islam den eigentlichen 'Anti-Christ' sieht und auch den Hauptgegner, den Repräsentanten allen Übels für die letzte Schlacht, so läßt sich das aus der historischen Situation um das Jahr 1000 eindeutig belegen.[4] Der Mythos von Shambhala verhieß zugleich den Sieg über die materiali-

[4]siehe auch H. Hoffmann 1964, S. 131.

stischen Barbaren. Viele Zentren des Buddhismus in Nordindien wie die erste Klosterakademie Asiens, Nalanda, wurden von Muslims zerstört. Der Islam erzeugt vor diesem Hintergrund das 'Wunschbild eines eschatologischen Endkampfes bei Hindus wie Buddhisten' (H Hoffmann). Und so wird auch der Kalki-König von Shambhala, Rudra Chakrin, im Jahre 2327 vor allem die Muslims besiegen. Der buddhistische Shambhala-Mythos war also zum Teil auch eine eindeutige Reaktion auf die damalige politisch-historische und religiöse Situation.

Hier lassen sich geradezu apokalyptische Ideen erkennen: die in Shambhala gehütete 'Wahre Lehre' ist in Gefahr, und wir befinden uns heute bereits in einer Phase des Niedergangs, deren noch weitere Verschlechterung bis zur 'letzten Schlacht' schon vorausgesagt ist. Von Shambhala werden am Ende des gegenwärtigen Weltzeitalters die apokalyptischen Heerscharen kommen, um die Feinde des Buddhismus zu vernichten. Das 'Rad der Zeit' transzendiert die historische und lineare Zeit.

In einem Gebet des 3. Panchen Lama (siehe Abb. Seite 34) an Shambhala heißt es: „In der Zukunft wird der Erdbeschützer, Rigden Dj'apo, sehr viele barbarische Horden überwinden und dann das große Fest des großen Tantrischen Zeitalters beginnen. Möge ich als der erste seines Gefolges geboren werden, kurz: möge ich in Shambhala geboren werden, den großen Juwelenschatz und hier die Stufen des unvergleichlichen Weges vollenden".

Nach den Shambhala-Texten leben wir in einem Endzeitalter, in einer zerstörten Zeit am Rande großer Veränderungen. Auch hinduistischer Auffassung nach nähern wir uns dem Ende des dunklen Zeitalters (Kaliyuga), das ein 'rückläufiges' ist, d.h. eine Periode des Verfalls der traditionellen Lehren. Dieses 'Zeitalter der Überreste' ist die Vierte

Der 3. **Panchen Lama** (tibet.: dPal-ldan-ye-šes, 1737–1780)
verfaßte wichtige Texte zum Kalachakra,
so etwa im Jahr 1775 den 'Reiseführer' Śhambalai lam yig
('Der Weg nach Shambhala').

Weltperiode des kosmischen Zeitalters, an dessen Ende der König von Shambhala die Dharma-feindlichen Kräfte besiegen wird. Ein Krieg, der freilich nicht mehr in unserer Zeit stattfinden wird.

Diese Kriegsidee, d.h. das Motiv der Aggressivität, mag im Buddhismus befremden, aber wie bereits erörtert, ist sie vermutlich historisch bedingt. Als Kalachakra in Indien verbreitet war, befand sich der Buddhismus dort auf dem Rückzug. Die 'letzte Schlacht' des Shambhala-Mythos dürfte somit im wesentlichen auch aus der Situation einer unterdrückten Minderheit heraus entstanden sein, ohne daß damit der symbolische Aspekt der Kriegsprophezeiung unterschätzt ist. Nach E. Bernbaum sind die zwölf Armeen wohl mit den zwölf Bindegliedern des abhängigen Entstehens im Daseinskreislauf gleichzusetzen, also mit der Kausalitätskette des oft an die Tempeleingänge gemalten 'Rades der Wiedergeburten' (Bhavachakra). Vielleicht sind die zwölf Armeen also die innere Kraft, um diese zwölf Glieder abhängigen Entstehens zu besiegen.

Daher gibt es auch zwölf Wege, die jeweiligen Ursachen für Samsara (Leiden) in ihrem reinen Aspekt zu transformieren, um zur Befreiung zu gelangen. Hier liegt ein bemerkenswerter Zweck der Kalachakra-Einweihung, nämlich Schutz gegen Krieg zu gewähren. Ähnliche Gedanken müssen den 14. Dalai Lama bewegt haben, als er das Motto für das Rikon-Ritual 'Kalachakra ~ Für den Weltfrieden' fand. Das noch heute lebendige spirituelle Zentrum von Shambhala verkörpert den Wunsch nach Ordnung und Frieden auf Erden. Keine Angaben finden sich in den tibetischen Texten, wie das Goldene Zeitalter enden wird und was einst danach kommt.

Das 'Große Fest des großen Tantrischen Zeitalters' ist das Goldene Zeitalter, ein 'Reines Land' jenseits der Irrungen und Beschmutzungen dieser Welt. Es ist ein Zeitalter und ein Ort der Reinheit, das Ideal weltlicher Erleuchtung, das sich nicht entweihen läßt ~ und das unsere Sehnsucht erzeugt. Dieses 'Reine Land' Shambhala hat James Hilton in seinem Roman 'Irgendwo in Tibet' (1937) zum erreichbaren irdischen Paradies 'Shangri La' popularisiert und romantisiert, ein mit der Welt des Himalaya verbundener Begriff der Sehnsucht nach dem Ursprünglichen, Entrückten, nach einem sonst verlorenen Paradies, in das wir ähnliche Gedanken hineinprojizieren wie sie der Shambhala-Mythos enthält.

Nach Rudra Chakrins Sieg über die Barbaren weitet dieser 25. und letzte Shambhala-König seine Herrschaft über die ganze Welt aus. „Das von ihm eingerichtete Goldene Zeitalter symbolisiert den Zustand inneren Gleichgewichts und innerer Harmonie..." (E. Bernbaum). Es endet, bis mit dem nächsten Buddha ein neuer Retter erscheint, der über ähnliche Macht verfügt wie der König von Shambhala. Dann wird unter Rudra Chakrin die Lehre des Buddhismus auf der ganzen Welt zur großen Blüte kommen. Menschen werden 100 Jahre alt werden, nicht mehr durch Arbeit ihre Existenz verdienen müssen, den Tod nicht mehr fürchten brauchen, denn sie wissen, daß der Tod die Befreiung bringt oder die Wiedergeburt im 'Reinen Land'.

Eine Garantie oder zumindest eine wesentliche Begünstigung für die generell angestrebte Wiedergeburt in Shambhala ist eine Kalachakra-Einweihung, deren große Bedeutung allein aus diesem Grund hervorgeht. So gibt es auch das Gelübde des Initianten, im Wunderland Shambhala wiedergeboren zu werden. Wer in Shambhala die geheime Lehre auffindet, die ihm Herrschaft über die Zeit schenkt, wird sich aus ihren Fesseln befreien können. Aber nur wenige sind dazu berufen und bringen die geistigen Voraussetzungen mit. Auch versprechen sich die Tibeter von einer Kalachakra-Einweihung, einst unter dem Schutz des 25. Kulika-Königs zu stehen, wenn der 'Große Krieg' kommt. Daher bedeutet Shambhala für sie Hoffnung, auch gerade in einer nach 1959 so bedrückenden Gegenwart: „Im Kalachakra Tantra vermischen sich Leben und lineare Zeit, Hoffnung und historische Entwicklung zu einer neuen Vision, die durch ihre Erschaffung einer höheren Wirklichkeitsebene Trost zu spenden vermag und bei der Bewältigung des Leidens auf der gewöhnlichen Wirklichkeitsebene hilft. Die Praxis des Kalachakra stellt die kosmische Harmonie wieder her" (Lokesh Chandra).

Kann man Shambhala in diesem Leben erreichen? Ist Shambhala nur ein in der Vorstellung existierendes ideales Land, ein nicht auf dieser Erde vorhandenes Paradies? Es ist der Reine Land in unserer Welt. Der Weg nach Shambhala ist eine spirituelle Reise, und dieses Land aufsuchen wollen, heißt, es sich geistig anzueignen. Wenn Shambhala auf diese Art in uns ist, sind wir auch dort angekommen.

So verständlich die Versuche, Shambhala geographisch lokalisieren zu wollen, sein mögen, so wenig werden sie doch dem Wesentlichen gerecht. Bis in den Mittleren Osten, nach Iran und Arabien hat man Shambhala gesucht, und die üblichen Ortsbestimmungen nennen immer wieder das Zentralasien nördlich von Tibet, jenseits des Kun-Lun-Gebirges, das heutige Sinkiang, bis hin gegen Samarkand. Die indische Kalachakra-Literatur hat Shambhala in die Gegend des Tian Shan lokalisiert. Fragt man die Lamas, so haben sie Shambhala in der Meditation oder im Traum besucht. Viele glauben, man könne dort nur durch Tod und Wiedergeburt ankommen. Nach der Kagyüpa-Tradition haben Otshinpa (auch: Orgyan glin-pa), der erste Schüler des 2. Karmapa Karma Pakshi *(1204-1283)*, und Taranatha selber Shambhala besucht. Ihre Beschreibungen sind noch erhalten. Mit

Hilfe von Siddhi-Kräften und in der Meditation haben sie dieses Land erreicht.

Die Bönpo-Tradition kennt ein Shambhala vergleichbares spirituelles Zentrum: Olmolungring, ein irgendwo in den Bergen verstecktes Reich, dessen erster König der Bönpo-Gründer und 'Bönpo-Buddha' Shenrab Miwo war. In den Kalachakra-Lehren werden fünf heilige Orte erwähnt. Nördlich des Zentrums Bodhgaya, dem Ort von Buddhas Erleuchtung, liegt Shambhala, östlich ein Berg mit fünf Gipfeln, südlich der Potala-Berg, westlich das Land Udyana, der Überlieferung nach der Herkunftsort des Padmasambhava.

Die auch für die Bewohner Shambhalas geschilderten Reichtümer „signalisieren den wahren Reichtum, die unvorstellbaren Schätze des Geistigen, die in den Tiefen des Geistes verborgen sind" (E. Bernbaum). Shambhala-Darstellungen erinnern an das himmlische Jerusalem christlich-mittelalterlicher Vorstellung: Der Glanz von Gold, Kristall und Juwelen ist nicht von dieser Welt. Das Materielle ist transzendiert, der äußere Reichtum nur Gleichnis. Die Lichtsymbolik spielt auf das geistige Prinzip an.

So symbolisiert Shambhala Stufen geistiger Entwicklung. Den innersten Geist zu befreien und Erleuchtung zu erlangen, dies ist das wahre Ziel der Reise: „Das verborgene Königreich von Shambhala symbolisiert nämlich das verborgene Wesen unserer Welt" (E. Bernbaum).

Das Sanskritwort Shambhala verstehen die Tibeter in ihrer Sprache als 'Quelle der Freude', die im Äußeren Kalachakra-Tantra erörtert wird. Zuerst taucht Shambhala im Kanjur und Tanjur auf, so in letzterem als 'Der Weg nach Kalapa'[5], ein im frühen 17. Jahrhundert vom Lama-Historiker Taranatha aus dem Sanskrit ins Tibetische übersetzter Text.

Der Begriff Shambhala taucht erstmals in den alten indischen Schriften des Mahabharata und der Puranas auf. In Hindu-Texten ist Shambhala ein Brahmanen-Dorf unbestimmter geographischer Lage und gilt als Geburtsort Kalkis, der zukünftigen messianischen Verkörperung Vishnus, der durch einen apokalyptisch geführten Krieg die Welt von den Barbaren und den aufsässigen Niedrigkastigen reinigen wird, um die Herrschaft des Brahmanen und damit eine neue Weltperiode der Gerechtigkeit wiederherzustellen. Eine solche Übernahme eines Hindu-Mythos durch den Buddhismus findet gerade im Bereich der religiösen Geographie weitere Parallelen auf hochrangiger Ebene. Es ist hier nur an den ganzen Vorstellungsbereich um den Weltenberg Meru und den heiligsten Götterthron Kailash in der hinduistischen und buddhistischen Überlieferung erinnert.

Bevor die Shambhala-Lehren im 10. Jahrhundert in Indien bekannt und die ersten Texte im folgenden Jahrhundert ins Tibetische übersetzt wurden, hatte man die Sanskrit-Schriften seit langem in Shambhala selber vermutet. Solche Texte wurden später auch in Form von Reiseführern verfaßt. Die bekannteste unter ihnen ist der 'Shambhalai Lamyig' des 3. Panchen Lama von 1775, 'Die Beschreibung des Weges nach Shambhala'.

Das von König Suchandra südlich seines Palastes errichtete, auf jeder Shambhala-Darstellung deutlich sichtbare große Kalachakra-Mandala wird noch in den Kapiteln über die Einweihungsrituale und über das Mandala ausführlich besprochen werden.

---

[5] Kalapa ist, wie schon beschrieben, Hauptstadt und Palast von Shambhala.

Der I. **Dalai Lama** (1391-1475)
ist Autor der wichtigen 'Bemerkungen zum Kalachakra'.

Die Kalachakra-Gottheit

Darstellung und Ikonographie

Sri Kalachakra, der König der Tantras, ist wie viele andere Gottheiten des lamaistischen Pantheons eine Emanation ('Ausstrahlung') bzw. Erscheinungsform des Buddha. Nach dem Vimalaprabha-Text, dem bekanntesten Kommentar zum Kalachakra-Tantra, stellt die Gottheit Kalachakra die Vereinigung von Leerheit und Mitgefühl dar, ungeboren und unvergänglich. In tantrischer Vereinigung mit seiner Partnerin, d.h. mit dem weiblichen Aspekt der Gottheit, tanzt Kalachakra im weiten Ausfallschritt der Alidha-Stellung über dem Lotossockel auf den Körpern von Ananga, dem weißen vierarmigen Liebesgott Kama, und Rudra, dem roten ebenfalls vierarmigen Sturmgott (siehe Abb. auf Seite 4). Vor diesen zwei gestürzten Göttern knien die Göttinnen Rati und Gauri, die wie auch bei vergleichbaren anderen Yidam-Schutzgottheiten die schlechten, dharmafeindlichen Mächte verkörpern (siehe auch farbiges Umschlagbild).

Die blaue Kalachakra-Gottheit repräsentiert in dieser Farbe das weite und allumfassende Wesen (Himmelsraum) des Adibuddha. Seine vier Köpfe manifestieren nach einem Text des 1. Dalai Lama (*1391-1475*, siehe Abb. Seite 40) Vajra-Körper, Vajra-Sprache, Vajra-Geist und Vajra-Weisheit; nach vorne schwarz bzw. blau für Mitleid, rot nach rechts (von der Gottheit aus gesehen) für Begierde und Anhaftung, nach links weiß für Friedfertigkeit und nach hinten (nach links in die Projektion gekehrt) gelb für den Aspekt der Meditation. Die vier Köpfe sind dazu analog den vier Jahreszeiten und stehen zugleich Körper, Rede, Geist und höchstes Bewußtsein (Glück- seligkeit). Wenn man das 'dritte Auge' miteinbezieht, entsprechen die zwölf Augen von Kalachakra den zwölf Monaten, ebenso wie die zweimal zwölf Arme den zwölf Wechseln der Atemwege gleichzusetzen sind, also 24

Einteilungen gleich 24 Armen, unterschieden zu je vier weißen, roten und blauen Armen pro Körperseite. Jeder Monat hat zwei Mondphasen, abnehmend und zunehmend, was bei zwölf Monaten 24 Mondphasen (gleich 24 Armen) ergibt. Zählt man pro Finger drei Knochen, kommt man bei 24 Armen auf 360 Knochen bzw. Gelenke (24 mal 15), die den 360 Tagen des Jahres (der Sternzeichen) entsprechen.

Die in den Händen gehaltenen 24 Attribute sind: Vajra, Vajra-Haken, Schwert, Dreizack (Trishul), Hackmesser (Katri), Damaru, Kapala, Khatvanga, Axt, Diskus, Rute, Schild, Ankusha, Vajra-Glocke, Pfeil, Bogen, Juwel, Lotos, Schlinge, Gebetskette, weiße Muschel, Triratna (Drei-Juwel), Feuer und abgeschlagenes Haupt Brahmas. Ein Tigerfell dient ihm als Schurz. Die vorne gekreuzten, blauen um den Körper der Weisheitsgefährtin gelegten Arme mit den Vajras erinnern an den Adibuddha Vajradhara (Dorje chang), mit dem ja auch die Körperfarbe übereinstimmt.

Das die Eckzähne zeigende vordere Gesicht ist in seiner schrekkenserregenden Form nicht für die Lebewesen gedacht. Es geht hier nicht um den uns vertrauten Ärger der Menschen, sondern um den gegen Unwissenheit, Begierde oder Feindseligkeit gerichteten 'Vajra-Zorn'. Es ist dies nach Sakya Pandita der Ausdruck des Mitgefühls, aus der die Stärke und die Kraft des Mitleids heraus kommen. Zusätzliche ikonographische Angaben zur Kalachakra-Gottheit gibt Martin Brauen in seinem Buch 'Mandala' (S. 63).

Aspekte des Schreckensvollen

An dieser Stelle sei ein Exkurs über die in der tibetisch-buddhistischen Bilderwelt so zentrale Darstellung des Schrekkensvollen erlaubt. Ihr liegt generell derPolaritätsgedanke der unauflösbaren Verbindung von friedvoller und zorniger Natur einer Gottheit zugrunde. Jede Wesenheit hat beiderlei Seinszüge, und da, wie es im Tibetischen Totenbuch heißt, alle Gottheiten nur bestimmte Manifestationen unseres eigenen Denkens und Fühlens sind, besteht zwischen der Menschen- und Götterwelt, zwischen Mikro- und Makrokosmos eine Identität. Die dahintersteckende Idee von der Doppelwertigkeit aller Existenzen und Erscheinungen, d.h. von der unauflösbaren Ganzheit polarer Gegensätze führt ins Wesenhafte asiatischen Denkens. Die zornvollen Gottheiten sind nicht außerhalb von uns selbst zu suchende Wesenheiten, sondern Teil der menschlichen Psyche. „Es sind Projektionen des Intellektes, der sich aus Unwissenheit über die Art der Überwindung mit abwehrender Härte dieser Bilder zu erwehren sucht“ (Detlef I. Lauf, Geheimlehren tibetischer Totenbücher, 1975, S. 159).– „Der eigene Körper ist die Stätte der friedvollen und zornvollen Gottheiten“ (Päma-lingpa, um 1500).

Repräsentation des Schrecklichen und Bösen als Gegensatz und unlösbarer Teil des Friedvollen und Guten. Das Schreckensvolle und Gefährliche ist Teil des Lebens. Zerstörung bewirkt wie der Tod wieder Erneuerung, ist also in diesem Kreislauf notwendiger und 'schöpferischer' Bestandteil, Voraussetzung für Wiedergeburt und neues Leben. Schöpfung und Zerstörung sind Ausdruck des steten Wandels im Leben. So wird die zornvolle Gottheit Symbol neuer Lebensformung.

Übelabwehr schlechthin durch zornvolle, dadurch Schutz und Heil bewirkende 'Hüter der Lehre' (sankr.: Dharmapalas), die in ihrem doppelwertigen Charakter Symbole der Vernichtung und der Erlösung sind. Die Dharmapalas schützen vor negativen Kräften, die die geheiligte Reinheit des Ortes bedrohen u n d den Geist des Gläubigen. Sie sollen ihm beistehen, wenn er durch äußere und die ihm selber verborgen liegenden dunklen Kräfte heimgesucht und geschwächt wird.

Die den verblendeten Geist aufrüttelnde Kraft zur inneren Besinnung zur Überwindung der Furcht. Nach überwundener Furcht soll die freigesetzte psychische Kraft einen sicheren Durchgang durch die schrecklichen Erfahrungen der Realität ermöglichen. Das Schrekkensvolle soll dabei hinüberführen zur Stärke der Furchtlosigkeit und Unerschrockenheit und uns bei der Bewältigung von Hindernissen auf dem Weg zur Befreiung und Erleuchtung helfen, uns die 'Macht zu einer Rückkehr und Wandlung' geben (D. I. Lauf). Die zornvollen Aspekte zeigen alternative Aspekte auf: Schrecken und Widerstand, oder die Kraft, den getäuschten Geist zu innerer Versenkung und Reinigung zu führen. Nach alten Texten verkörpert sich das Buddhaprinzip in schreckenserregenden Gottheiten, damit das träge Bewußtsein des Menschen aufgeweckt und zur Erkenntnis gebracht werde. Selbst die zornvollen Schutzgötter, deren äußere Form den Kräften entspricht, die sie besiegen sollen, sind nur verschiedenförmige Ausstrahlungen (Emanationen) der Buddhas und Bodhisattvas. 'Auch Götter sind Dämonen', heißt es im Gesar-Epos.

Ein tief ins Psychologische führender Aspekt schließt hier an: das Hervorrufen von existentiell erlebter Angst und Bedrängnis, Zustände, in denen man ungeahnte Kräfte entwickeln kann (vgl. Bardo thödol: durch die Angst sei der Tote besonders aufmerksam). In Furcht und

Schrecken läuft der Geist nicht Gefahr, sich zu zerstreuen, sondern ist gesammelt und konzentriert. Der Betrachter soll möglichst wirkungsvoll beeindruckt und geleitet werden und sich an die schreckensvollen Schutzgötter des Bardo Zustandes gewöhnen. In diesen Sinnzusammenhang gehören auch die vielen Darstellungen von menschlichen Schädeln, Skeletten, den tanzenden Citipatti usf. in der tibetischen Sakralkunst.

Warnung vor bösen Kräften im allgemeinen und z.B. vor den abschreckenden Höllenqualen einer schlechten Wiedergeburt im besonderen.

Die schreckensvollen Gottheiten ziehen die Aufmerksamkeit des Menschen auf die Wirklichkeit des Leidens, Todes und der Schmerzen, auf eine Welt voller zerstörerischer Kräfte.

Die schreckensvolle Erscheinung ist der sogen. 'Vajra-Zorn', eine dynamische Energie, die unüberwindlich und unzerstörbar ist. Sie vernichtet die Neigung zu blindem Mitleid und zerstört Zweifel an der eigenen Buddhanatur. Dieser geradezu gewalttätige Aspekt zorniger Macht dient in seiner herausfordernden Art als Schutz gegen geistige Dumpfheit und versinnbildlicht aber zugleich die außergewöhnliche Kraft, die man braucht, um die Erlösung zu erreichen. Ein auf Mitleid beruhender Zorn vernichtet die menschlichen Schwächen auf dem Weg zur Erleuchtung und besiegt die Grundübel Unwissenheit, Begierde und Haß.

Der Symbolismus von Gefahr und Tod, die von dem Schreckensvollen ausgehen, illustriert ein wesentliches psychologisches Element des menschlichen Lebens zwischen profaner oder gewöhnlicher Existenz und göttlichem Leben oder religiöser Erfahrung.

Die den zornvollen Gottheiten eigene Kraft und spirituelle Energie stellt die ungeheure Kapazität dar, die notwendig ist, um das Ziel der Befreiung von der Dualität zu erlangen.

Diese Gottheiten sind elementare Verkörperungen bestimmter Erfahrungen und Anlagen unserer Psyche Es kommt darauf an, sie ins Bewußtsein zu heben, zu integrieren: das Friedfertige und Zornvolle, als Teil unseres Selbst.

Die Darstellungen des Schreckensvollen sind Symbole der Zerstörung und des Todes. Neben mythologischen Tatsachen (ikonographisch fixierte Typen) bilden sie auch psychologische Anforderungen für den einzelnen auf dem Erlösungsweg. Die auf Dämonen stehenden und diese tötenden Gottheiten zeigen jenseits der Eliminierung des Bösen an, daß ohne den Tod einer anderen Form von Existenz keine neue Spiritualität erreicht werden kann.

Das Schreckensvolle, die zornvolle Götterwelt, bezeichnet unsere umfassende Psyche, verneint nicht ganze Teile davon. Die Darstellung von Zorn, Destruktivität usf. flößen dem Betrachter nicht nur Entsetzen ein, sondern sie ermöglichen es ihm auch, sich diesen Energien zu stellen, die er in sich selbst unterdrückt, um sie zu verstehen, zu meistern und schließlich in eine heilende Kraft zu verwandeln. Die Bilder des Schreckensvollen haben somit also einen beträchtlichen psychologischen Wert. Sie stellen (nach Giuseppe Tucci) „den gewaltsamen Einbruch der bewußten Kräfte in die Finsternis des Unbewußten dar, um den Rivalen an der Wurzel zu packen“.

Kalachakras Prajna ('Weisheit'), die die Vajra-Bewußtheit symbolisierende Weisheitsgefährtin Vishvamata (auch: Bhagavati Prajna) bzw. tibet. Natsog yum (sNa-tshogs-yum), ist von orangeroter bis gelber Farbe, die auf die ihr zugeordneten primären Elemente anspielt, nämlich Erde, Feuer und Weisheit (Geist). Bei der männlichen Gestalt sind die hervortretenden Elemente Wasser, Wind und Raum, daher die blaue Körperfarbe. Im Kalachakra-Tantra besteht der Mensch aus sechs ~ im Gegensatz zu den üblichen fünf ~ Elementen Erde, Wasser, Feuer, Wind, Raum und Geist (Weisheit).

Vishvamata hat acht Arme, vier Gesichter (als solche kaum erkennbar), trägt eine die Vajrasattva (Diamantwesen) repräsentierende Krone und hat folgende acht Attribute in den Händen: Hackmesser, Vajra-Haken, Damaru, Gebetskette, Kapala, Schlinge, Lotos und das Dreifache Juwel (Triratna). Die meisten dieser Abwehrwaffen sind auch anderen zornvollen Schutz-Gottheiten zu eigen.

Kalachakra steht auf einem am oberen Rand dreifach differenzierten Sockel, d.h. auf drei Plattformen über dem Lotos:

Lotos (grün) = Entsagung
Mondscheibe (weiß) = Bodhicitta (Erleuchtungsgeist)
Sonnenscheibe (rot) = Weisheit

Die zusätzliche dunkelblaue obere Plattform steht für die Verfinsterung. Die eigentliche Kalachakra-Gestalt ist von Gottheiten umgeben, die den Jahres-, Monats- und Tagesrhythmus überwachen. Oben im Zentrum des Bildes ist Kalachakra ein Buddha übergeordnet, dessen Emanation er ja letztendlich ist. Zu seinen Seiten können zwei Dharmarajas dargestellt sein, etwa der frühtibetische 'Religionskönig'

Trisongdetsen und, gleichfalls ein Dharma-Fürst, ein Dalai Lama. Im unteren Teil des Bildes finden sich schreckensvolle Gottheiten wie z.B. Palden Lhamo und Dorje Shug.[5]

In diesem Kapitel wird lediglich die figürliche Darstellung von Kalachakra erläutert, diejenige als Mandala folgt im Abschnitt über das Ritual des Kalachakra-Mandala. Eine eigene Betrachtung erfordert indes der zentrale Aspekt der hier zunächst getrennt analytisch beschriebenen männlichen und weiblichen Gestalt Kalachakras: der Yab-Yum-Aspekt der in geschlechtlicher Vereinigung dargestellten Partner.

YAB-YUM – DIE EINHEIT DER GEGENSÄTZE

Einen wesentlichen Anteil an der Ikonographie des tibetischen Buddhismus haben die männlich-weiblichen Götterpaare der Yidams, persönliche, mit Initationen im Zusammenhang stehende Schutzgottheiten. Sie stellen bestimmte Lehren und Weisheiten dar, sind sichtbare Symbole der esoterischen Tantra-Schriften, in die der Schüler eingeweiht wird. So steht die Yidam-Gottheit des Kalachakra für ein kompliziertes Wissenssystem, das in dem spezifischen Text des Kalachakra-Tantra enthalten bzw. 'verborgen' ist. Sie sind zugleich Sinnbilder göttlicher Schöpferkraft, Verkörperung von Urkräften und Grundtrieben. Diese tantrischen Gottheiten sind nicht 'Götter' (als Wesen), sondern geistgeborene Verkörperungen gewisser Lehren und menschlicher Erfahrungen: vergötterte Gestalten spiritueller Lehrsystem (der Tantras).

---

[5] Die ikonographischen Angaben folgen weitgehend dem Nispannayogavali, siehe B. T. Bhattacharya, Baroda 1992, p. 187, sowie pp. 76-86, mit genauer Beschreibung der einzelnen Gottheiten.

Yab-Yum wird gewöhnlich mit 'Vater-Mutter' übersetzt. 'Yum' läßt sich auch mit 'Gefährtin' übertragen. Nach dem Übersetzer Sonam Gyatsho (bSod-nams-rgya-mtsho, *1423-1482*) erläutert das Kalachakra-Tantra vor allem den Yab-Yum Gedanken, die Vereinigung der beiden Polaritäten:

männlich	weiblich
Kalachakra	Vishvamata
upaya = Methode, Mittel *(hier auf auf die Große Glückseligkeit bezogen)*	prajna = Weisheit, Erkenntnis
Technik	Intuition
Bewußtsein (vijana)	Leere (shunyata)
Samsara	Nirvana

Diese bipolaren, sich einander ergänzenden Gegensatzpaare könnte man noch um einige fortsetzen. Geht es in Asien generell um die Harmonie der Gegensätze, um den Ausgleich der Extreme (Yin-Yang), so insbesondere im tantrischen Buddhismus um die Synthese und um die Aufhebung der Gegensätze.

Yuganaddha, 'zum Paar vereint', bezeichnet im Sanskrit das 'Symbol der geschlossenen Polarität im Mahasukha' (H. Hoffmann 1964, S. 127), der 'Großen Glückseligkeit'. Kalachakra und seine Weisheitsgefährtin symbolisieren die Vereinigung und die Einheit von Methode und Weisheit. Beide Teile ~ das Männliche und das Weibliche ~ sind als gleiche Aspekte des Einen zu verstehen. In der Einheit dieser Pole, im sakralen Liebesgenuß, erlebt man den Zustand der 'Großen Wonne' (mahasukha). Das totale Einssein, die unio mystica, rührt an Urerfahrungen des Menschen: Das Eine, die selige Identität (samatā) im 'gemeinsamen Genuß' (sama-rasa) erreichen, wenn beide 'das Bewußtsein für das, was außen und innen ist', verlieren (Brihadāranyaka-Upanishad 4, 3, 21).

Vishvamati verkörpert die höchste Wahrheit und Beseligung, die mit der höchsten Erkenntnis einhergeht. Im Yab-Yum-Aspekt des Kalachakra symbolisiert ihre Vereinigung die Einheit der 'Großen Glückseligkeit' und der die Leerheit realisierenden Weisheit. Ohne die Weisheit der unteilbaren Glückseligkeit und Leerheit ist es unmöglich, den Zustand völliger Erleuchtung zu erreichen (Geshe Dhargyay). Diese Einheit von Mitgefühl und Weisheit muß man erkennen, um Erleuchtung zu erlangen und um anderen zu helfen, sich selbst vom Leiden zu befreien.

Obgleich der für den Hindu-Tantrismus richtige Begriff 'Shakti' im tantrischen Buddhismus durch 'prajna' zu ersetzen ist, trifft H. von Glasenapp das Wesentliche, wenn er schreibt: „Die Vereinigung des Buddha mit seiner Shakti im Körper der großen Lust (mahasukha-kaya) ist das Symbol des Verschmelzens des Bewußtseins (vijnana) in der Leere (shunyata), die selige Aufhebung aller Zweiheit. Wenn sich Upaya (d.h. die Methode der aktiven Heilspropaganda) und Prajna (die Erkenntnis) miteinander vereinen, dann ist damit der höchste geistige Schöpfungsakt zur Tatsache geworden. Die Shakti ist hier also dem männlichen Prinzip im günstigen Falle koordiniert, meistens aber ist sie ihm untergeordnet, wie ja auch bei den tibetischen Yab-Yum-Darstellungen die Shakti meist kleiner erscheint als ihr männlicher Partner".[7]

Kalachakra und Vishvamati verkörpern unseren fundamentalen Konflikt: die Dualität, sich als Ich und das Gegenüber (die Welt) als

---

[7] H. von Glasenapp 1936, S. 126

Gegensatz zu sehen, d.h. die auf dieser Objekt-Subjekt-Beziehung basierenden Gegensätze, aus denen Stolz, Neid, Haß, Leidenschaft, Anhaftung usw. entstehen. In der unio mystica, der mystischen Vereinigung von Methode oder Weg (männlich) und Weisheit oder Einsicht (weiblich) des Kalachakra-Paares werden negative Kräfte in positive transformiert. In der männlich-weiblichen Vereinigung – wo das Ich und Du nicht mehr getrennt erlebt werden – wird das Duale von Ich und äußerer Welt aufgehoben und überwunden. Den figürlichen wie den Mandala-Darstellungen liegt das gleiche Prinzip zugrunde: sie sind systematisierte Ganzheitssymbole zur bewußten Arbeit an der Integration der Gegensätze (D. I. Lauf).

Sexuelle Thematik als Meditationsbild? Diese etwas vereinfachte Fragestellung soll hier einem breiteren Verständnis dienen. Sexualität wird nach tantrischer Auffassung nicht ausgegrenzt und unterdrückt, sondern als Lebensvoraussetzung und ganzheitliche Lebenserfahrung eingeschlossen. Jedes Lebewesen entsteht aus der Vereinigung männlicher und weiblicher Energie. Um deren tiefere Natur zu verstehen, müssen wir die subtilen, feinstofflichen Energien erkennen und kontrollieren, aus denen jede Energie besteht, d.h. die genetischen Substanzen unserer Eltern, von denen wir abstammen. Und wir müssen auch erkennen, wie aus jenen Substanzen genetische Impulse hervorgehen, die unseren Bewußtseinsstrom beeinflussen.[8] In der bipolaren Thematik von männlich-weiblich werden die grundlegenden Gegensätze der Dinge und ihre Aufhebung verkörpert. Zwei in Einem, das östliche 'Sowohl – Als auch', nicht das westliche 'Entweder – Oder'. Indem man sich im Ritual der Einweihung durch Visualisierung mit Kalachakra identifiziert, erlebt man die 'Große Glückseligkeit'.

---

[8] G.H. Mullin, The First Dalai Lama on Kalachakra, Tibetan Review 7/1982, p. 10.

Nach Geshe Dhargyay (1975, S. 143) empfindet man den entscheidenden Moment unveränderlicher Glückseligkeit, wenn das weiße Bodhicitta (Erleuchtungsgeist), das durch mittels Meditation erzeugte innere Hitze am Kopfscheitel zum 'Schmelzen' gebracht wird und durch den zentralen Körperkanal zu den Genitalien absteigt, jene Zone erreicht hat und hier, ohne (als Samen) aus dem Körper auszutreten, zurückgehalten wird. Dies praktiziert derjenige, der bereits ein hohes Stadium der Vollendung erreicht hat.

3600 'Tropfen' (sanskr. bindu) von weißem Bodhicitta sind in allen fünf Energiezentren (chakras) enthalten, die mit 3600 unveränderlichen Glückseligkeiten korrespondieren. Durch Zurückhalten dieser 3600 Tropfen im Genitalzentrum steigen diese 3600 Glückseligkeiten auf.

Nicht eigentlich dargestellt sind nun diese fünf Energiezentren, die Chakras eines Vajrakörpers. Als unsichtbare, aber ganz wesentliche Ikonographie müssen sie hier jedoch kurz erläutert werden:

Kopfscheitel: mahasukha-chakra, das Zentrum der Großen Glückseligkeit. So bezeichnet, da das weiße Bodhicitta, die Grundlage und Ursache der Glückseligkeit, hier seinen Sitz hat.

Kehle: sambhoga-chakra, das Zentrum der Freude, wegen des hier vorhandenen Geschmackszentrums.

Herz: dharma-chakra, das Zentrum der Großen Glückseligkeit. Das Hauptmittel für die Dharmapraxis ist das vorwiegend im Herz enthaltene Bewußtsein (englisch: mind).

Nabel: nirmana-chakra, das Zentrum der Emanation. Grundlage der Emanation (Ausstrahlung) der 'Großen Glückseligkeit' ist das Feuer der psychischen, inneren Wärme (gtum-mo), das vorwiegend im Nabel seinen Sitz hat.

Genitalorgan: gsanggnas-bde-skyong-'khor-lo, Zentrum der bewahrten Glückseligkeit. Die Erfahrung spontaner Freude findet vor allem dort statt, wo das Bodhicitta die Genitalien erreicht. Da es den verschiedenen Arten der Freude so förderlich ist, wird es das die Glückseligkeit bewahrende Zentrum genannt. Hier wird auch in Analogie zum Sexualakt auf die emporsteigende und fallende Bodhicitta-Bewegung angespielt.

Naropa

(nach S. v. Oldenburg, Bibliotheca Buddhica V, S. 6. No. 16.)

KALACHAKRA – DARSTELLUNGEN IN DER KUNST TIBETS

Die für eine größere Anzahl von Menschen durchgeführten Kalachakra-Einweihugen bedienen sich zweier Kalachakra-Bilder: ein großes Stoff-Appliqué-Thanka der Yidam-Gottheit in Yab-Yum sowie ein auf dem Boden oder auf einem tischartigen Podest gestreutes Mandala aus verschiedenfarbigem Sand.

1. Kalachakra als Yidam-Gottheit

Die häufigste Darstellung zeigt die ikonographisch vorangehend beschriebene Gottheit mit ihrer Weisheitspartnerin Vishvamata in der für die Personifikationen der Höchsten Yogatantra-Klassen typischen Yab-Yum-Form. Einige Beispiele der ältesten bekannten bzw. erhaltenen Malereien und Bronzefiguren seien im folgenden angeführt:

- Alchi (Ladakh), Wandmalerei im Soma Lhakhang, 14. Jh.[9].
- Alchi, Wandmalerei in der „Gömpa“ (Tsha-tsha puri), 15. Jh.
- Saspul-Höhlen (Ladakh), Wandmalerei, 15. Jh.[10].
- Gyantse (Tibet), Kumbum-Stupa, Wandmalerei im oberen Teil des Harmika, 1430/40[11].
- Thangka des 15. Jh. Privatbesitz Bern[12].
- Kloster Shalu (Tibet), Bronzefigur um 1500. Ein Meisterwerk der tibetischen Bronzeskulptur von herausragender Qualität[13].
- Kloster Sakya (Tibet), 3 Bronzefiguren des 15. Jhs.[14].

---

9 Charles Genoud, Peinture bouddhique du Ladakh. Geneve 1981, Pl. Alchi 16.

10 Charles Genoud, Peinture bouddhique du Ladakh, Geneve 1981, Pl. Saspul 5.

11 Erberto Lo Bue/Franco Ricca, The Great Stupa of Gyantse. London (Serindia Publ.) 1993, Pl. 67.

12 Martin Brauen, Das Mandala. Köln 1992, Tafel 49.

13 Li Jicheng (Hrg.), Die Welt des tibetischen Buddhismus. Beijing 1992, Tafel 42.

14 Li Jicheng (Hrg.), Die Welt des tibetischen Buddhismus. Beijing 1992, Tafel 43-45.

2. Kalachakra-Mandala Malereien

- Kloster Shalu, Wandmalerei der 1. Hälfte des 14. Jhs. aus einem Zyklus, der unter dem Abt Butön (Buston, 1290-1364) ausgeführt wurde, einem der größten Mönchsgelehrten Tibets, der auch für die Kalachakra-Tradition eine ganz wesentliche Rolle einnimmt. Heute durch Zerstörung bzw. Schäden nicht mehr genau identifizierbar.
- Gyantse, Tsuglagkhang auf dem Dzong-Hügel (Shalye-khang): Kalachakra-Mandala als zentrales Wandbild dieses Initiationstempelchen von 1408.
- Thangka der Ngor-Sakya-Schule von ca. 1430/40 im Besitz des Verfassers[15].
- Thangka der Donation Lionel Fournier/Musée Guimet Paris, 2. Viertel 15. Jh.[16].
- Thangka im Ference Hopp Museum für Ostasiatische Kunst, Budapest; 15. Jh. [17].
- Thangka des Potala-Palast/Lhasa, ehemals im Schrein des dreidimensionalen Kalachakra-Mandala, 2. Hälfte 15. Jh.[18].
- Thangka der Ngor-Sakya-Schule, 3. Viertel 16. Jh., Sammlung Familie Ronge/Königswinter[19].
- Thangka des Musée Guimet Paris, Ende 16. Jh.[20].

---

[15] Thangka-Kalender 1995. Aitrang, Windpferd-Verlagsgesellschaft.

[16] G. Béguin, Mandala. Diagrammes ésotériques du Népal et du Tibet au musée Guimet. Paris 1993, No. 29.

[17] B. Kelényi/J. Vinkovics, Tibetan and Mongolian Buddhist Painted Scrolls. Budapest 1995, No. 15, pp. 86-88.

[18] Xizang Thangka (Tibetische Thangkas). Bejing 1985, Tafel 115.

[19] M. M. Rhie/R.F. Thurman, Weisheit und Liebe. 1000 Jahre Kunst des tibetischen Buddhismus. Köln 1996, Nr/Tafel 237.

[20] G. Béguin, Mandala. No. 30.

3. Kalachakra - Sandmandala

Die für bestimmte Mandala-Einweihungen hergestellten Sand-Mandalas werden nach Ende des Rituals wieder zerstört. Von den bedeutenden Kalachakra-Ritualen sei das 1932 im Lama-Tempel (Yong-hegong) in Peking durchgeführte erwähnt ~ die Einweihung gab hier der 9. Panchen Lama ~, für das ein großes Sand-Mandala gestreut wurde. Auch bei den vom 14. Dalai Lama an verschiedenen Orten gegebenen Kalachakra-Einweihungen waren jeweils prachtvolle Sand-Mandalas zu sehen, so z. B. in Rikon/Schweiz 1985[21]. Die Existenz solcher Sandmandala-Rituale ist bereits für die tantrischen Fakultäten der buddhistischen Klosterakademien Indiens des 11. Jh. bezeugt.

4. Dreidimensionales Mandala (tibetisch: blos-bstangs)

Monumentale dreidimensionale „Mandala-Paläste" sind sehr selten und wurden als dauerhafte Klein-Architekturen aus Holz mit Stuckdekor oder aus Metall nur an bestimmten bedeutenden Kultstätten errichtet (z.B. Sakya, Gyantse, Potala, Peking), und zwar in besonderen Räumen, die nur für gelegentliche Mandala-Einweihungen bestimmt waren. Da wir heute in Tibet nur ein einziges dreidimensionales Kalachakra-Mandala (Potala) nachweisen können, nennen wir hier wegen der Seltenheit auch Mandalas anderer Tantrasysteme:

- Gyantse, Samvara-Mandala im Lam-'bras Lha-khang des Tsuglagkhang von 1425[22].
- Tsaparang (Westtibet), Samvara-Mandala im Samvara-Tempel auf der Spitze des Burgberges, 15. Jh. Nur noch die Mauern des Mandala-Palastes sind erhalten[23].

---

[21] M. Brauen, Das Mandala, Tafel 47.

[22] G. Tucci, G-antse and its Monasteries (Indo-Tibetica IV. 3, Roma 1941), Part 3, Delhi 1989, fig. 86.

[23] J. Aschoff/H. Weyer, Tsaparang. Freiburg 1987, Tafel 43.

- Potala in Lhasa, Dükhor Lhakhang (3. Stock): Kalachakra-Mandala aus vergoldetem Kupfer, sechs Meter im Durchmesser, Ende 17. Jh.[24].
- Potala in Lhasa, Schrein der dreidimensionalen Mandalas (4. Stock): drei Metall-Mandalas der tantrischen Hauptschutzgottheiten der Gelukpa, Guhyasamaja (Mitte), Samvara (Osten), Yamantaka (Westen), errichtet 1749 unter dem 7. Dalai Lama.
- Peking, Verbotene Stadt (Kaiserpalast), Untergeschoß im Pavillon der Regnenden Blumen (Yu Hua Ge): drei Mandalas aus Metall und Cloisonné der Hauptschutzgottheiten der Gelukpa, Guhyasamaja (Mitte), Samvara (Osten), Yamantaka (Westen), errichtet 1750 unter Kaiser Qianlong[25].
- Peking, Lama-Tempel Yong-he-gong: Kalachakra-Mandala, 18. Jh.[26].
- Chengde (Jehol, nördl.Peking), Pule si (Tempel der Universalen Freude, auch Sumeru-Tempel): Samvara-Mandala aus Holz und Stuck von 1766/67 [27].

5. Shambhala - Mandala

Der Bildtypus des Mandala vom mythischen Königreich Shambhala[28] scheint erst relativ spät aufgekommen zu sein, da ältere Darstellungen sowohl in der Wandmalerei als auch in der Thangkamalerei fehlen. Das Reich Shambhala ist in einer konzentrischen Mandalaform abgebildet: der Kreis als die vollkommenste, das Universum repräsentierenden Form steht für die höchste Vollkommenheit des paradiesi-

---

24 M. Brauen, Das Mandala, Abb. 44.

25 Cultural Relics of Tibetan Buddhism collected in the Qing Palace. Bejing/Hongkong 1992, Plate 104.

26 Palace of Harmony, Beijing 1995, Tafel auf S. 126.

27 M. Brauen, Das Mandala, Abb. 48.

28 Zu Shambhala siehe hier das Kapitel „Kalachakra und Shambhala“, S. 29 ff.

schen Reiches Shambhala, dessen zentraler Palast ein Kalachakra-Mandala beherbergt.

Als ein Beispiel für solche Wand- und Thangkamalereien kann ein Thangka des Musée Guimet Paris gelten[29]. Ein in seiner Art unserer Kenntnis nach einmaliges Kalachakra-Triptychon aus drei Thangkas von ca. 1780 aus dem südtibetischen Kloster Tashilhunpo (Privatbesitz Belgien) zeigt beiderseits der zentralen Kalachakra-Yidamgottheit ein „normales" Shambhala-Mandala sowie ein das konzentrische Shambhala-Reich mit dem Weltenberg Meru verbindendes Mandala[30]. Der übliche Bildtypus verbindet das Shambhala-Mandala mit der Schlachtenszene des gegen die Barbaren kämpfenden Shambhala-Königs Rudra Chakrin, als hochformatiges Thangka[31] oder als großes querformatiges Roll- oder Wandbild[32]. Schließlich müssen hier noch als weitere Darstellungen zum Kalachakra-Thema Wandbilder in Kalachakra-Schreinen (Kapelle des dreidimensionalen Kalachakra-Mandala) und in ikonolgisch damit verbundenen Räumen (Gyantse, Kumbum, oberste Kapelle unterhalb des Metallschirmes) genannt werden, die die Könige von Shambhala und die Lamas der Kalachakra-Überlieferung zeigen.

---

29 G. Béguin, Mandala, No. 42.

30 A. Neven, Edutes d'art lamaique et de l'Himalaya. Bruxelles 1978. No./Plate 21-23.

31 z. B. Thangka-Kalender 1987, Aitrang, Windpferdverlagsgesellschaft. Oder ein Bild im Völkerkundemuseum Zürich (Nr. 13090).

32 z. B. Musée Guimet, G. Béguin, Mandala, No. 42, bzw. M.M. Rhie/R.F. Thurman, Weisheit und Liebe. 1000 Jahre Kunst des tibetischen Buddhismus. Köln 1996, Nr/Tafel 157. Oder ein Bild der Sammlung Zimmerman, New York, M.M. Rhie/R.F. Thurman, Weisheit und Liebe, Nr. 238. Oder ein Wandbild in der Audienzhalle im Weißen Palast des Potala in Lhasa (20. Jh.).

TANTRAS – LEHRSYSTEME DES VAJRAYANA

Tantras sind schriftlich fixierte Lehrsyteme und Wurzeltexte des tibetischen Buddhismus, die sich mit der praktischen Anwendung des Vajrayana befassen. Sie werden in den großen tibetischen Klöstern innerhalb einer eigenen Fakultät gelehrt und bilden zusammen mit den Sutras, dem geschriebenen Wort des Buddha, die zwei Wege des Mahayana-Buddhismus. Auf unterschiedliche Art führen beide Methoden zum gleichen Ziel: zur Buddhaschaft. Gilt es, die Sutras eher intellektuell zu verstehen, so lehren die Tantras einen direkteren, spontaneren Weg zu diesem Ziel. Es ist dies der Weg innerlich-msytischer Erfahrung, weitgehend mit derjenigen Form des Buddhismus identisch, die wir 'esoterisch' oder 'tantrisch' nennen.

Die Tantras ~ oder das Tantra ~ sind die höchste Stufe von Buddhas Belehrungen, da sie auf dem gemeinsamen Einsatz von Körper, Rede und Geist und ihren Beziehungen zur Welt, zum Kosmos basieren ~ einem Grundelement des tantrischen Buddhismus. Ihr Grundinhalt ist die (einleitende) Läuterung von Geist und Körper und ihr spontanes Verständnis von Leerheit, das in der letztlichen Befreiung zur Vollendung geführt wird. Sie bezeichnen die dem Buddha zugeschriebenen Texte, die die Theorie und Praxis des Diamantfahrzeugs beschreiben ~ im Vergleich mit den Sutras des Hinayana und Mahayana.

Tantra bezeichnet auch ein System angewandter Daseinserkenntnis, eine systematische Methode, durch die man seine inneren geistigen Kräfte wirken lassen kann, nicht aber eine eigene Religion. Tantra gibt es im Hinduismus und Buddhismus und leitet sich sprachlich von der Sanskritwurzel 'tan' ab, 'sich ausdehnen'. Tantra ist so viel wie 'Ausdehnung des Wissens', 'höchstes Wissen'. Problematisch ~ und das schließt auch diesen Beschreibungsversuch hier ein ~ ist ein lediglich es 'Bücherwissen' von den Tantras. Ein Tantra zu verstehen, heißt, es zu praktizieren. Man begreift es nicht durch bloßes Textstudium. Sind 'Tantras' die Schriften im engeren Sinne, so ist 'Tantra' generell die Methode, seine inneren spirituellen Kräfte auszudrücken und wirken zu lassen. Ein Weg, volle Erleuchtung innerhalb eines Lebens zu erlangen.

Was wie ein roter Faden durch diese Kalachakra-Einführung gehen sollte, charakterisiert insbesondere das Tantra: das Wesen des Individuums und das Wesen des Universums sind eins ~ die Identität von Makrokosmos und Mikrokosmos. Was im Universum vorhanden ist, muß auch dem Individuum eigen sein. Wenn Gott im Universum zu finden ist, muß er auch in uns sichtbar sein. Im einzelnen Menschen offenbart sich die kosmische Kraft, d.h. der menschliche Körper ist Instrument dieser Kraft. Tantra ist ein Geist und Materie gleichermaßen umfassendes System, das eine Synthese aus beiden anstrebt. „Tantra bedeutet die Einheit der männlich-weiblichen Polarität durch Yoga und die Umsetzung der Libido in spirituell bewußte Energie" (D. I. Lauf).

Durch Körper, Rede und Geist setzen wir uns mit der Erscheinungswelt in Beziehung. Der Tantra-Weg wird dieser ganzheitlichen, integralen Sicht gerecht. Er umfaßt neben seinen eigentlichen Gebieten wie den Yoga-Disziplinen auch Astronomie, Astrologie, Kosmologie, Alchimie usw.

Nur angedeutet sei in diesem Zusammenhang, daß es schon früh im Tantra Erkenntnisse zur Raum-Zeit-Beziehung und 'Weltraum-Theorien' gab, was uns schließlich auch auf diesem Wege wieder zu Kalachakra, dem 'Rad der Zeit' führt. Um die Tantras zu praktizieren, bedarf es einer Einweihung durch einen qualifizierten Lehrer der entsprechenden Tantra-Tradition, vergleichbar einer Erlaubnis, die man für ein bestimmtes Vorhaben braucht. Tantra-Unterweisungen haben also esoterischen, geheimen Charakter, speziell die Höchsten Yoga-Tantras, zu denen das Kalachakra innerhalb des Anuttara-Yoga-Tantra gehört. Als Grund für diese Geheimhaltung hat man die allgemeine Vajrayana-Tendenz gesehen, fast alles einzubeziehen, was in der Brahmanen-Kaste des alten Indien verboten war (G. H. Mullin, Notes on Kalachakra, 1982). In Tibet freilich waren die tantrischen Schriften allgemein erhältlich.

Im tibetischen Buddhismus unterscheidet man vier Tantra-Klassen, die jeweils eine höhere Stufe bilden, ohne daß es aber nötig wäre, alle nacheinander zu praktizieren, nur um extra die höchste Tantra-Klasse, das das Kalachakra einschließende Anuttara-Yoga-Tantra auszuüben:

KRIYA-TANTRA (Bya-rGyud; gesprochen dscha gyü). Wörtlich das 'Aktions-Tantra', das sich wie auch das Carya-Tantra mit den Ritualen befaßt.

CARYA-TANTRA (sPyod-rGyud; gesprochen tschö gyü). Charakterisiert durch das Gleichgewicht von äußerlicher und innerlicher Praxis.

YOGA-TANTRA (rNal-Byor-rGyud; gesprochen näldschor gyü). Wie das Anuttara-Tantra vorwiegend auf die yogischen Wege zur Realisierung der höchsten Wahrheit bezogen.

ANUTTARA-TANTRA (bla-Na-Med-rGyud; gesprochen la-name gyü). Die Praxis ~ diejenige der „Höchsten Vereinigung" ~ dieses Tantra ermöglicht die Erleuchtung in diesem einen Leben. Wörtlich übersetzt: „nichts höher". Die Betonung liegt hier auf der Rede. Der Zweck dieser (vier) Höchsten Yoga-Tantras und damit auch einer Kalachakra-Praxis bzw. Einweihung ist es, die Verunreinigungen von Körper, Sprache und Geist sowie deren Spuren, die sie auf unserem fortdauernden Bewußtsein hinterlassen, zu beseitigen. Diese geistigen Befleckungen und deren

Folgen verschwinden aber nicht von selber. Wir müssen diese Tantra-Lehren ausüben, um uns von den diversen mentalen Trübungen zu reinigen. Es genügt nicht, allein die Einweihung zu erhalten und die Kommentare dazu zu studieren.- Unser ursächliches und unverdorbenes Bewußtsein ist von völlig reiner Natur. Um diese Bewußtheit tief in uns erfahren zu können, ist es wesentlich, eine solche tantrische Ermächtigung zu erhalten.

Der Anuttara-Yoga ist die entwickeltste Form des Tantra-Weges. Er ist seinerseits in drei Gruppen gegliedert:

VATER-TANTRA: befaßt sich mit Visualisierung und Form; Methode betont.
MUTTER-TANTRA: befaßt sich eher mit der formlosen Meditation; Weisheit betont.
NICHT-DUALES-TANTRA: arbeitet mit Weisheit und Leerheit, geformt und formlos, zusammen.

Das Kalachakra-Tantra gehört zu den weiblichen Mutter-Tantras, die den Weisheitsaspekt betonen, d.h. den Aspekt der Leerheit und generell die Lehren der transzendentalen Weisheit. Dank der Ausbildung der Feinenergien und des subtilen Bewußtseins kann man innerhalb eines Lebens die Buddhaschaft erlangen. Die Kontrolle dieser Energien und der eigenen Bewußtseinszustände hat großen Einfluß auf unseren Existenzstrom. Der Tantra-Yoga ist für höchste geistige Konzentration wesentlich. Nur dadurch kann das im Unterbewußtsein Schlafende enthüllt werden. Einer der Wege, die Große Glückseligkeit (mahasukha) zu erreichen, ist der Heilsweg des 'Yoga mit Sechs Gliedern', der Sad-anga Yoga, die 'Stufe der Realisation' (tibet. rdzogs-rim) im Kalachakra-Tantra, nach den 'Blauen Annalen' (Deb-ther sngon-po, S. 811) von 1476/78 der 'höchste aller Wege des Vajrayana'.

Der Ablauf der Kalachakra-Zeremonien

Das Kalachakra-Ritual in Rikon 1985[33] war auf insgesamt zehn Tage (Madison 1981: 13 Tage) festgelegt, von denen die ersten neun Tage den Vorbereitungen durch den Dalai Lama und seine Mönche des Namgyal-Klosters von Dharamsala gewidmet waren, die folgenden drei Tage die eigentliche Einweihungszeremonie beinhalten, und der letzte Tag das ganze Ritual beschloßen, wo das große Mandala von jedermann angeschaut werden konnte, bevor es wieder zerstört und einem Gewässer übereignet wurde.

Für den detaillierten Ablauf hat der Zeremonienmeister des 14. Dalai Lama, Chö Yog Thubten Jamyang, einen Leitfaden verfaßt, der in den offiziellen Kalachakra-Publikationen Madison 1981 und ~ bei entsprechender Kürzung ~ in derjenigen von Rikon 1985 enthalten ist. Er dient hier als sinngemäße Grundlage des Ritualvorganges. Gewisse Einzelheiten mögen abweichen.

1. Tag:
Den Schülern werden in der Regel die drei Grundprinzipien tantrischer Praxis erklärt: Einweihung, Bodhisattva-Gelübde, richtiges Erfassen der Leerheit. In den ersten vier Tagen kann der Dalai Lama Belehrungen über den „Stufenweg zur Erleuchtung" (Lam rim) geben, die helfen sollen, die nichttantrischen allgemeinen Voraussetzungen für die Einweihung, die Kenntnisse des Stufenweges zur Erleuchtung, zu vertiefen. Der Adept soll sich währenddessen vorstellen, außerhalb des Mandala am Ende eines riesigen Vajra zu warten. Er soll sich bereits an diesem ersten Tag in Gestalt eines zweiarmigen, einköpfigen

---

[33] Da ich auf Wunsch des Herausgebers der offiziellen Kalachakra-Publikation 'Kalachakra Initiation Schweiz 1985' bzw. des Textbearbeiters, Dr. Martin Kalff, die deutsche Ausgabe davon sprachlich und inhaltlich durchgesehen und überarbeitet habe, mögen hier einige identische Formulierungen festzustellen sein.

Kalachakra mit einer ebenso gestaltigen Weisheitsgefährtin visualisieren. Er soll mit gefalteten Händen und voller Überzeugung die Einweihung erbitten. Sehr wichtig ist, daß man dabei nicht auf gewöhnliche Art an sich selber, an die persönliche Umgebung und an seinen Guru denkt.

Das Ritual des Bodenprüfens wurde durch die in ihrer Wirkung segengebende Lesung der 8000 Prajnaparamita-Verse ersetzt. Ein für das Territorium der Einweihung zuständiger Beamter ("Regierungsvertreter des entsprechenden Landes") und die Erdschutzgottheit werden um Erlaubnis zur Durchführung des Rituals gebeten. Ein Lama erschafft ~ unter Anrufung von Schutzgottheiten ~ einen gleichsam magischen Schutzkreis, der vom heiligen Bezirk schlechte Einflüsse fernhalten soll.

Ein alle anwesenden Kandidaten vertretender Schüler wirft einen zwölffingerbreiten langen Holzspan ("Zahnstocher") auf eine kleine qudratische, von einer tonartigen Schicht bedeckte Plattform mit den Symbolen der fünf Buddhafamilien. Wenn dieser dreimal daneben fällt, kann die Einweihung zu diesem Zeitpunkt nicht stattfinden. Dieser Holzspan ist ein Symbol für die Reinigung von Körper, Rede und Geist, so wie der Zahnstocher zum Reinigen der Zähne da ist. Nach der visualisierten Reinigung wirft man ihn auf die Plattform. Je nachdem wie er zu liegen kommt, ist ein Hinweis gegeben, welche Buddha-Aktivitäten sich bei uns besonders entwickeln werden. Darauf folgt die Bestätigung vom Lama, daß wir gereinigt werden. Es wird uns etwas „Nektar" in die Hand geschüttet zur Reinigung von Körper, Rede und Geist. Den Rest werfen wir über die Schulter nach hinten, zum Zeichen, daß wir alles Negative hinter uns lassen.

2. Tag
Mittels der Meditationsliturgie des Kalachakra-Sadhana bitten der Dalai Lama und seine Assistenten um Ermächtigung, das Mandala errichten zu können. Dabei wird Bodhicitta-Geist erzeugt, d.h. die Motivation, Erleuchtung zum Wohle aller Lebewesen zu erlangen. Die Mönche stellen sich um den Grundriß des zu bauenden Mandala auf und führen ~ in Rikon 1985 am ersten Tag ~ den „Tanz des Bodens (Sagar)“ auf. Wie bei den Tscham-Mysterienspielen der tibetischen Klöster haben die Mönche dabei die farbenprächtigen Ritualkostüme angelegt und halten Vajra-Szepter und Glocke (Ghanta) in den Händen. Sie verkörpern die Dharmapalas, die sich als zornvolle Schutzgottheiten manifestierenden „Hüter der Lehre“. Mit ihrem die schädlichen Kräfte fernhaltenden „Vajra-Schritt“ erschaffen sie einen magischen Schutzkreis, mit dem der Ort der Einweihung spirituell gereinigt und die Wirksamkeit der Einweihung gesichert wird. Dadurch wird das Land, d.h. der Ort, für die Initiation „nutzbar“ gemacht. Bestimmte Rituale laden die Erdgöttin ein, in den Mandalakreis einzutreten und die verschiedenen Ritualobjekte zu weihen. Mönche beginnen mit der Umrißzeichnung des Sand-Mandala.

3. Tag:
Durch Anrufung treten die Gottheiten an die verschiedenen Stellen ins Mandala ein, dessen Linien und Farben nun zunehmend Gestalt annehmen. Die „Zeichnung“, d.h. die Komposition des Mandala ist im Detail vollendet, es beginnt jetzt die farbig-figürliche Ausgestaltung.

4. Tag:
Die Mönche bilden das Mandala weiter aus. Der Dalai Lama wird an diesem Tag über „Die 37 Geistesübungen eines Bodhisattva“ sprechen. Diese Belehrungen sind für die Anwesenden auch als allgemeine Einführung in den tibetischen Buddhismus gedacht (in Rikon

1985 am 3. bis 5. Tag).~ Am 4. bis 7. Tag können hohe Lamas wie z.B. 1985 zu Rikon der Abt des Klosters Frage- und Antwortstunden zur allgemeinen buddhistischen Praxis geben oder verschiedene Vorträge sowie Zeremonialtänze der Mönche stattfinden.

8. Tag:
Wie schon ab dem 4. Tag wird morgens das Sadhana des Mandala des Geistes ausgeübt. Das Sand-Mandala wird mit dem Sadhana-Ritual abgeschlossen. 13 Vasen ~ auf deren Bedeutung im Einweihungsritual wir später zurückkommen werden ~ werden in den verschiedenen Richtungen rund um das Mandala aufgestellt, das noch zusätzlich mit Bannern, Fransen usw. geschmückt wird. Die Opfergaben für das Einweihungsritual werden auf dem Altar angeordnet.

9. Tag:
Nach der Praxis des Sadhana-Mandala bringt man Opfergaben zur Weihung des Mandala. Die Mönche führen an diesem Tag einen weiteren „Tanz der Opfergaben“ auf, der insbesondere auch von verschiedenen Musikinstrumenten begleitet wird.

10. Tag:
Mit diesem Tag (in Rikon 1985 am 8. Tag) beginnt die eigentliche „Vorbereitung des Schülers“, der die Einweihung sucht. Hierzu gibt es verschiedene Unterweisungen, die die Motivation für die Einweihung verbessern können: Körperliche Reinigung, Opferungen an die Schutzgottheiten zum Schutz gegen schlechte Einflüsse. Auch geistige Vorbereitung für den Eintritt in das Mandala. Visualisieren des von der geistigen Vereinigung der Kalachakra-Gottheit mit seiner Weisheitsgefährtin ausgehenden Geburtsprozesses. Durch die Weihung kann der Schüler als geistiger Sohn der Kalachakra-Gottheit wiedergeboren werden.

In mehreren Versen bittet der Schüler um die Stufen der Einweihung, wird dann von der sich im Dalai Lama manifestierenden Kalachakra-Gottheit angenommen, nimmt das dreifache Zufluchtsgelübde des Mahayana (zum Buddha, zur Lehre und zur Gemeinde) und die besonderen Gelübde des Tantra. Durch tatsächliches oder visualisierendes Berühren der drei Stellen des Körpers durch den (Dalai) Lama erhält der Schüler die Segnungen für Körper, Rede und Geist.

Wieder wird das Holzspan-Orakel geworfen, um die rechten Mittel für zukünftige Handlungen zu bestimmen. Es symbolisiert hier das Eliminieren der groben Verunreinigungen von Körper, Rede und Geist. Der Schüler trinkt drei Schluck Wasser, das der Lama reicht, es symbolisiert die Säuberung von den feinen Verunreinigungen in Körper, Rede und Geist. Nun wird ein rotes Segensband um den Arm des Adepten gebunden, das dem Schüler Schutz bis zur Zeit des Maitreya-Buddha gewährt. Der Tradition nach wird das in der indischen Überlieferung als reinigend angesehene Kusha-Gras verteilt, auf dem man in der folgenden Nacht schlafen soll, um klare und deutliche Träume zu haben, die den Erfolg der Kalachakra-Praxis bestimmen.[34]

An diesem Tag auch visualisiert der Schüler das sechssilbige Kalachakra-Mantra, das auf den sechs Chakra-Stellen des Körpers erscheint, um die Hindernisse der sechs Elemente zu überwinden. Tatsächlich oder auf visualisierte Art sollte der Schüler mit dem Kopf zum (Dalai) Lama und zum Mandala schlafen.

---

[34] Auf Kusha-Gras schliefen traditionellerweise die indischen Brahmanen, um sich von geistigen Verunreinigungen zu säubern. Darauf saß auch der Buddha zum Zeitpunkt seiner Erleuchtung. Hier ein Zeichen, daß auch wir in Zukunft die Erleuchtung erlangen mögen.

11. Tag:
Die Schüler empfangen die sehr bedeutenden Sieben Einweihungen „Wie ein Kind", d.h. Einweihungen, die verschiedenen Altersphasen und Lebensabschnitten der Kindheit entsprechen. Da sie einerseits in der Tagesübersicht der offiziellen Kalachakra-Schrift, Rikon 1985, ausführlicher dargestellt sind, sie andererseits aber noch einige weitere Kommentare verdienen, sollen sie hier in einem folgenden Kapitel über die Einweihungs-Rituale des Kalachakra besprochen werden.

Der Schüler betritt an diesem Tag (in Rikon 1985 am 9. Tag) mit einer Binde vor den Augen das Mandala. So wirft er ein weiteres Mal das Holzspanorakel, nimmt drei Schluck Wasser zu sich und visualisiert sich selber als Kalachakra-Gottheit samt Weisheitsgefährtin sowie die Mantras OM AH HUM, die an Kopfscheitel, Kehle und Herz erscheinen. Nach dem Sprechen der Bittverse für den Zustand der Großen Glückseligkeit nimmt er die Bodhisattva- und tantrischen Gelübde.

Es folgen Belehrungen der Lama-Gottheit (Kalachakra in Gestalt des Dalai Lama) zu den 25 Pflichten eines Eingeweihten, die jener wiederholt. Ferner Anweisungen und Verpflichtungen für die Geheimhaltung des Tantra, wenn der Schüler in das Mandala eintritt. Die Augenbinde wird dann abgenommen, und nunmehr darf der Schüler das Mandala sehen. Der Lama stellt die ganze Versammlung der Gottheiten innerhalb des Mandala vor.

12. Tag:
An diesem Tag finden die Sieben Einweihungen statt, auf die wir in dem Kapitel über das Einweihungsritual näher eingehen wollen. „Die Einweihung schließt mit weiteren Erklärungen über die Bedeutung von Kalachakra ab und mit Anweisungen über die Fortführung der

Praxis, ihren höchsten Nutzen zu erlangen. Die Vollendung dieser sieben Einweihungen hilft uns, die Verunreinigungen aller negativen Handlungen von Körper, Rede und Geist auszumerzen, und berechtigt uns, uns mit der ganzen Praxis der Erleuchtungsstufe des Kalachakra-Tantra zu beschäftigen. Diese Übung befähigt uns, die höchsten Vollendungen des gewöhnlichen Weges zu erreichen und die Fähigkeit zu erwerben, alle physischen Verdienste anzusam--meln .... Wenn jemand diesen Weg in genauer Übereinstimmung mit der Praxis des Mandala befolgt, so kann er die Stadien bis zur siebten Bodhisattvastufe in diesem einen Leben verwirklichen.- Sogar wenn jemand nicht die volle Praxis des Mandala befolgt, sich aber reinhält von den negativen Handlungen, so kann er diese Vollendungen innerhalb von sieben Lebenszeiten erlangen." (Madison Kalachakra 1981; 10. Tag Rikon 1985).

13. Tag:
Durch die Anwesenden Besichtigung des Mandala, das am gleichen Tag noch abgetragen und einem nahen Fluß überantwortet wird (letzter Tag Rikon 1985).

Tāranātha (geb. 1575), der bedeutende tibetische Historiker, verfaßte mehrere Schriften und einen 'Führer' zum Kalachakra.

Die Einweihungsrituale des Kalachakra

Rituale sind in Handlung umgesetzte, gleichsam nach außen verlegte Meditationen. Kaum in einer anderen Religion haben sie einen so hohen Stellenwert und eine derart differenzierte und komplizierte Form wie im Vajrayana-Buddhismus. Diese ausgeprägte ritualisierte Religionspraxis, die in einem hohen Grad auch magische Kultformen und eine reiche Bild- und Symbolsprache kennt, hat einen stark esoterischen, exklusiven Charakter, wo nur über Einweihungen bestimmte Lehren, Erfahrungen und Bilder zugänglich sind.

Eine Initiation (Sanskrit: abhisheka) ist die ritualisierte Aufnahme eines Schülers in eine hermetische, esoterische Lehre und Praxis, ein 'Eintritt' in den Kreis (Mandala!) der Eingeweihten, in den heiligen Raum einer von den Außenstehenden nicht erreichbaren geistigen, visualisierten und realen Sphäre.

Die Einweihung ist ein Mittel der geistigen Kraftübertragung. Einweihen heißt ein Kraftfeld betreten, wo transzendentale Erfahrungen möglich werden, die außerhalb desselben unerreichbar blieben. Einweihen ist Samen einpflanzen und befähigt, im Sinne tantrischer Praxis uns als Gottheit zu visualisieren, autorisiert uns zu einer bestimmten Praxis. In der Sutra-Praxis vergegenwärtigt man sich die Gottheit 'vor sich', nicht aber in sich, im Sinne eigener Identifikation mit ihr. Eine Einweihung reinigt Körper, Rede und Geist. Durch sie wird man ermächtigt, z.B. die Tantras zu praktizieren und zu lehren. Sie befähigt einen, geistige Macht zu erlangen und Kräfte anzusammeln.

Wir hatten bereits an anderer Stelle darauf hingewiesen, daß der 14. Dalai Lama aus einer betonten Bodhisattva-Haltung heraus die

Kalachakra-Einweihung des öfteren gibt und dabei vor allem auch eine sehr große Anzahl an Teilnehmern einbezieht. Die Einweihung kann dabei sogar der Nicht-Buddhist erhalten, d.h. auch derjenige, der (noch) nicht die 'Zuflucht zu den Drei Kostbarkeiten' genommen hat, obwohl das eine Voraussetzung sein sollte, das buddhistische Glaubensbekenntnis, also für die Zugehörigkeit zu Buddha, Dharma (seiner Lehre) und Sangha (seiner Gemeinde).

Das Vorangehende mag auch eine Antwort auf die Frage geben, wie sich der tiefe symbolische und esoterische Charakter mit der Tatsache vereinen läßt, daß diese Einweihung einer sehr großen Anzahl von Menschen gegeben wird und daß man selbst als Nicht-Buddhist ohne größere Voraussetzungen und Vorbereitungen daran teilnehmen kann. Wer den tieferen Studien und Meditationen nicht folgen kann, erhält dennoch den Segen der Einweihung, d.h. jener überträgt sich 'dennoch' auf den einzelnen. Wesentlich ist das absolute Vertrauen in den (Dalai) Lama, der als Lehrer und Guru eine traditionelle Autorität gegenüber dem Schüler genießt, die wir im Westen in dem Maße nicht kennen. Dieses Vertrauen geht nach östlicher Praxis bis zur Hingabe, auch wenn wir die Rituale im einzelnen nicht verstehen.

Diese Großzügigkeit im Hinblick auf die Teilnahme an der Einweihung mag ihren geistigen Hintergrund in den wenig orthodoxen, in der Aufnahme von fremden Elementen flexiblen asiatischen Religionen haben. Voraussetzung aber ist, daß man Vertrauen in diese Form der Kraftübertragung hat. Auch sollte man sich um die 'Drei Stufen der Verinnerlichung' bemühen: Aufmerksam zuhören, dabei voll wach sein, es intensiv verinnerlichen und sich damit vereinen. Dann stellt sich auch die Wirkung, der 'Nutzen' ein. Entscheidend für das Empfangen der Einweihung ist, ob man sich bereitfühlt, die Richtlinien der Bodhisattva-Gelübde anzuerkennen und auf sich zu nehmen.

Wenn nicht, bleibt man als „neutraler Beobachter" (Zitat 14. Dalai Lama) bei der Zeremonie. Selbst dann kann man z.B. die rote Stoffbinde tragen. Die Bodhisattva-Gelübde sind grundlegend, um anderen zu helfen. Außer den 18 Hauptgelübden gibt es noch die 46 Nebengelübde.

Für die Praxis der Höheren Yoga-Tantra gibt es eine Reihe von Gelübden bzw. die 14 'Wurzeltantra-Verstöße', die es zu vermeiden gilt:[35]

1. in Zwietracht mit seinem Guru sein,
2. zeitweises Vernachlässigen der Übungen,
3. von Fehlern eines Vajrabruders oder einer Vajraschwester sprechen,
4. Liebe und Mitleid vernachlässigen,
5. Erleuchtungsgeist zurückweisen,
6. den Dharma mißbrauchen,
7. für Nicht-Autorisierte tantrische Geheimnisse enthüllen,
8. die (Körper-) Aggregate mißbrauchen,
9. den Glauben anderer verhindern,
10. sich nicht selber an die tantrischen Versprechen halten,
11. Frauen verächtlich machen,
12. Leerheit aufgeben,
13. sich mit schlechten Freunden abgeben,
14. sich nicht die rechte Ansicht vergegenwärtigen.

Für die Kalachakra-Tradition sind diese 14 Wurzeltantra-Verstöße teilweise modifiziert, nämlich n i c h t:

---

[35] nach Geshe Dhargyey 1975.

1. den Geist des Vajrameisters (der die Einweihung gebende Lama bzw. Dalai Lama) stören,
2. die Bestimmungen oder das Wort des Vajrameisters brechen,
3. wie oben,
4. wie oben,
5. das Austreten des kundablumengleichen weißen Bodhicitta (Samen) zulassen,
6. einen Unterschied zu machen zwischen der Leerheit gemäß dem Sutrayana und dem Tantrayana,
7. wie oben,
8. wie oben,
9. wie 14. oben,
10. Widerspruch zwischen Geist und Rede pflegen,
11. Zweifel haben am Wert der Erfahrung Höchster Glückseligkeit in der Vereinigung mit der Weisheitsgefährtin,
12. über Fehler eines wahren Yogi oder einer Yogini sprechen und diese verächtlich machen,
13. wie 10. oben,
14. wie 13. oben.

Die Einweihung, sanskr. abhisheka und tibet. dbang-bskur-ba ('Kraft-Übertragung'), befähigt, die Trantra-Lehren zu empfangen, „die Geheimnisse unreifen (also nichteingeweihten) Personen mitteilen", wie der Tsongkhapa-Schüler mKhas-grub-rje sagte. Und in den Tantras heißt es: „Wenn die Geheimnisse nicht bewahrt werden, wird einem Kopf und Herz zerspringen." In einer Zeit und Welt wie der unseren kann man sich nur schwer den Anteil der Wortmagie, die Macht und die spirituelle Kraft des Wortes im esoterischen Buddhismus vorstellen. Der Wissende kennt Funktion und Bedeutung der gleichsam mit kosmischer Energie geladenen Mantras, auf das wir im Zusammenhang mit dem Namdschuwangdan-Zeichen noch zurückkommen werden. Bei uns sind Wörter nur noch bloßes Informationsmittel, was im Zeitalter der Informatik und Datenverarbeitung kaum anders zu erwarten ist. Für den Rhythmus, für die Qualität der Wiederholung eines Wortes und insbesondere auch für dessen Klang (auch generell) haben wir im Westen kaum eine Empfindlichkeit.

Als 'Schriftgelehrte' beherrschen die in der Erkenntnis vorangeschrittenen tibetischen Lamas die Wörter bzw. auch die esoterischen Texte, die für denjenigen unverständlich bleiben oder gefährlich sind, der sie mangels Vertrauen bzw. Einweihung nicht zu handhaben versteht. Man muß durch Lernen oder ~ auf höherer Stufe ~ durch Einweihung ermächtigt sein, bestimmte Texte und Bilder zu lesen und zu verstehen. Das Vokabular dazu vermittelt das Initiationsritual.

Es sei hier daran erinnert, daß vielerorts im Kulturkreis des tibetischen Buddhismus der hochgradig esoterische Raum der Schutzgottheiten eines Klosters oder Tempels (Gönkhang) nicht besucht werden darf. Die Welt der schwarzgrundigen Tempel- und Thangkamalereien bleibt etwa in Bhutan nur wenigen Eingeweihten zugänglich. Alle anderen können diese verschlüsselten Bilder nicht 'handhaben' und werden mangels Einweihung eher durch die jenen innewohnenden magischen Substanzen und zerstörerischen Kräfte gefährdet.

Was läßt sich zur Motivation und zu den persönlichen Impulsen sagen, die man für die Initiation haben sollte bzw. die von ihr auf uns ausgehen? Die Kalachakra-Einweihung ist ein sehr entwickelter tiefgehender Weg zur Erlangung der Buddhaschaft, und ihr genereller Sinn ist die Reinigung von Körper, Rede und Geist. Eine Initiation kann auch Schutz vor Krankheit und anderen Übeln im Leben gewähren, zu einer besseren Wiedergeburt führen oder zu einer individuellen Befreiung von Samsara, dem Kreislauf der Wiedergeburten verhelfen. Doch derartige Ziele sind im Kern ich-bezogen und stehen damit einer vollständigen, reinen Einweihung im Wege. Es geht in der tantrischen Meditationspraxis darum, auf möglichst schnellem, spontanen Wege Erleuchtung zu erlangen, um allen Lebewesen höchste Glückseligkeit bringen zu können. Keiner Einweihung bedarf es für die 'Vorbereitung der Schüler'. Hier gilt es, sich persönlich vorzubereiten, die Gottheiten aufzurufen und zu ihrem Ort etwa im Mandala einzuladen. Dazu wird einem von dem zur Gottheit gewordenen Guru die Erlaubnis gewährt, da diese von der Gottheit kommen muß und diese praktisch in Gestalt des Gurus bzw. Dalai Lamas vergegenwärtigt wird.

Zur Meditation über eine Gottheit bedarf es keiner Einweihung, lediglich dieser Ermächtigung vom Guru. Die zahlreichen Gottheiten des Vajrayana verkörpern verschiedene Aspekte der Erleuchtung und unterschiedliche Formen der Buddha-Natur, die in jedem Menschen potentiell angelegt sind. Durch die Meditation können wir diese Buddha-Natur hier und jetzt wiederentdecken und verwirklichen.

Im Kalachakra unterscheidet sich der Initiationsprozeß von den drei anderen höchsten Yoga-Tantras, bei denen vier individuelle Ermächtigungen üblich sind (Vasen-, Geheime, Weisheits- und Worteinweihungen), durch drei getrennte Abschnitte: Sieben Einweihungen 'wie ein Kind', vier Höhere und vier Höchste Einweihungen. Gewöhnlich sind es elf bzw. ursächlich fünfzehn Einweihungen, mehr als in anderen Initiationen. Hier ist noch immer der wesentliche Text des 1. Dalai Lama maßgebend:

Sieben Einweihungen 'wie ein Kind' und
Vier Höchste Tantra-Einweihungen.

Die 'Sieben Einweihungen wie ein Kind' (auch 'Die Sieben Ermächtigungen des Eintretens wie ein Kind') sind in Analogie zur Entwicklung des Kindes gedacht bzw. zu den Phasen der menschlichen Entwicklung. Nach A. Berzin gliedern sich diese elf Einweihungen wie folgend (in der Reihenfolge des Rituals):

Sieben Einweihungen 'wie ein Kind'.
Eine Einweihung ~ aus zwei Vasen-Einweihungen (Höhere und Höchste Einweihung).
Eine Einweihung ~ aus zwei Geheimen Einweihungen (Höhere und Höchste Einweihung).
Eine Einweihung ~ aus zwei Weisheits-Einweihungen und der Höheren Vierten Einweihung.
Eine Einweihung ~ aus der Höchsten Vierten Einweihung (auch 'Wort-Einweihung').

Elf Einweihungen.

Die Höchste Vajrameister-Einweihung wiederholt einige der vorangehenden Einweihungen und wird daher nicht eigens gezählt.

Es folgt nun die detaillierte Übersicht über die gewöhnlich zweiteilige Kalachakra-Einweihung[36] in 15 Phasen:

Erster Teil:

Die Sieben Ermächtigungen des Eintretens wie ein Kind

Es sind dies die Einweihungen des Eintretens in das Mandala als Neugeborener, d.h. der Schüler wird durch die Kalachakra-Gottheit in das Mandala hineingeboren bzw. darin erst geboren. Hier sorgt die Gottheit für den im Mandala Neugeborenen wie eine Mutter und bereitet sein Inneres für den Reifeprozeß vor. Diese Einweihungen authorisieren zur Praxis der Entwicklungsphase von Kalachakra. Sie entsprechen den sieben wichtigen Ereignissen im Leben eines Kindes seit der Geburt. „Der Hauptzweck der Sieben Einweihungen ist es, den Adepten in ein Gefäß zu verwandeln, das geeignet ist, die Yogas der Entwicklungsphase (generation stage yogas) auszuüben und einen Weg für die Ausbildung der Meditation zu ermöglichen" (1. Dalai Lama).

I.) Wasser-Einweihung:
entspricht dem ersten Waschen und Reinigen des neugeborenen Kindes. Symbolisch ist sie auf das Reinigen von Körper, Rede und Geist von den Befleckungen der Täuschung bezogen. Durch diese Einweihung werden vor allem unsere fünf psychophysischen 'Aggregate' (skandha) wie die Sinne (Körperlichkeit), Wahrnehmungen, Empfindungen (Gefühle), Geistesregungen und 'Unterscheidendes Bewußtsein' (nach der Kalachakra-Tradition meist noch ein sechstes Aggregat: Tiefes Gewahrsein bzw. Weisheit), die zehn Energiewinde usw. gereinigt und in die Natur der fünf Dhyani-Buddhas (Tathagatas) umgewandelt. Somit wird der Schüler in die fünf Buddhafamilien eingeführt, die uns gewöhnlich vom Mandala des Adi-Buddha oder seiner

---

[36] Hier folge ich im wesentlichen Geshe Dhargyey 1985.

Emanation bekannt sind. In der Visualisation wird der Schüler von der Lama-Gottheit aufgenommen, geht in dessen Körper ein und wird durch die Weisheitsgefährtin in Gestalt der Vereinigung mit seiner eigenen Gefährtin als Amitabha wiedergeboren. Er visualisiert seine fünf durch diese Einweihung gereinigten physischen Elemente (wie die 'Aggregate' Bestandteile des Menschen), nämlich Erde, Wasser, Feuer, Luft, Äther bzw. 'Raum' in Form der Gefährtinnen der fünf Dhyani-Buddhas, von denen er die Wassereinweihung durch Berühren der fünf Körperzentren erhält. Er wird auch mit Wasser besprengt und kostet davon.

Diese Einweihung pflanzt den Samen für eine Bewußtseinserfahrung während der Einweihung und auch für die Zukunft.

2.) Kronen-Einweihung:
Gemeint ist die Kopfkrone, der Scheitel, wo der Same für die Bildung der Erleuchtungskrone eines Buddha (Ushnisha) in das Bewußtsein eingepflanzt wird. D.h. diese Einweihung schafft die Voraussetzungen für das eventuelle Erlangen der Ushnisha, wenn man die Buddhaschaft erreicht hat. Auch hier visualisiert der Schüler seine fünf physischen Elemente in Gestalt der Dhyani-Buddhas und ihrer Gefährtinnen, die den Schüler durch Berühren am Scheitel (Ushnisha) segnen. Der Schüler visualisiert die sich im Raum über ihm befindenden, tragenden Gottheiten, deren Kronen in die vom Vajrameister gehaltene eingehen, der damit den Kopf des Schülers berührt.

Diese mit Ratnasambhava verbundene Einweihung befreit von Eigennutz und Selbstsucht. Sie entspricht dem ersten Haarabschneiden des Kleinkindes bzw. dem ersten Scheiteln des Haarschopfes (Krone!).

3.) Kronenband-Einweihung:

Nachdem der Schüler zunächst am östlichen Tor des Mandala in der Visualisation ein Mandala dargebracht hat, dann in der zweiten Einweihung das nördliche Tor erreichte, ist er jetzt am südlichen Portal angelangt. Auch hier verwandelt er sich durch den gleichen (Wieder-) Geburtsprozeß in den diesem Mandalabereich entsprechenden Dhyani-Buddha, nämlich in Ratnasambhava. Diese Einweihung wird auch zuweilen 'Einweihung der Zehn (Energie-) Winde' ~ nämlich des Schülers ~ genannt, da sie sich auf die repräsentative zum Erreichen der Leerheit notwendigen Reinigung der Zehn Winde, die in die Energieströme fließen bzw. diese bilden, in den zehn Gefährtinnen beziehen. D.h., letztere stellen die transformierten Aspekte der Zehn Energiewinde dar, deren Befleckungen in dieser Einweihung gereinigt werden. Indem der Meditierende sich selber (Inneres Kalachakra) und das Universum (Äußeres Kalachakra) von Befleckungen und Trübungen reinigt, läßt er die mit den Aggregaten und Elementen verbundenen Winde schließlich versiegen, d.h. in den zentralen Kanal gelangen, wo sie in den Körper-Chakras gereinigt und aufgelöst werden. Wie in den ersten beiden Einweihungen wird der Schüler hier vorbereitet, die nächsthöhere, d.h. die dritte Bodhisattva-Stufe zu erreichen.

Diese Einweihung ist mit dem ersten Schmuckanlegen in der Kindheit bzw. mit dem Durchstechen des Ohres beim Kind für diesen Zweck vergleichbar.

4.) Vajra- und Glocken-Einweihung:

Damit wird der Samen gepflanzt, um den Körper und die Sprache eines Buddha zu bilden. Zuweilen wird diese Einweihung auch als 'Vater- und Mutter-Einweihung' bezeichnet, da, um in der Analogie der Kindheitsentwicklung zu bleiben, das Kind nunmehr von den Eltern erzogen werden kann. Man empfängt die Einweihung durch das Hören des Tones der Glocke, die ~ man denke an die oft zu sehende entsprechende Mudra ~ der Vajrameister im Ritual läutet. Dadurch werden der rechte und der linke Energiekanal gereinigt und der Schüler befähigt, die Energie beider Ströme im zentralen Kanal zu vereinen, die unzerstörbare Glückseligkeit, die alles umfassende Sprache und die Taten von Kalachakra und seiner Gefährtin zu erwerben. Da auf dem durch die drei Energiekanäle fließenden Wind die Sprache basiert, soll diese Einweihung auch vor allem zu deren Reinigung dienen.

Diese Einweihung ist den ersten Lautäußerungen und Worten des Kindes vergleichbar, auf die insbesondere der Glockenklang eine Anspielung ist. Mitunter wird sie auch getrennt als Vajra- bzw. Glocken-Einweihung gegeben.

In der Vajra-Einweihung visualisiert der Schüler die Gottheiten mit den Vajras, die in den Vajra des Meisters eingehen, mit der jener dann Herzgegend, Kehle und Kopf (Krone) des Adepten berührt. Diese von allen Begierden reinigende Initiation wird von Amitabha (Freisein von Begierde repräsentierend) erteilt. Sie ist des Buddhas Erleuchtung in Bodhgaya vergleichbar und ist die Wurzel für die Erlangung der Weisheit der Großen Glückseligkeit. In der Glockeneinweihung visualisiert der Schüler die Gemeinschaft der Buddhas und Bodhisattvas, deren Glocken zu derjenigen des Meisters eingehen. Diese von Mißgunst befreiende Initiation ist mit dem Buddha Amoghasiddhi verbunden.

5.) Verhaltens-Einweihung:
Bei dieser von zwölf männlichen und zwölf weiblichen Bodhisattvas erteilten Initiation geht es wie auch bei der nachfolgenden Einweihung um die Reinigung des Bewußtseins, zugleich um diejenige der sechs Sinnesorgane (Auge, Ohr, Nase, Zunge, Körper, geistige Sinneskräfte) sowie deren Wirkungsbereiche (visuelle Erscheinungen, Töne, Geruch, Geschmack, materielle Dinge und andere Phänomene). Am östlichen Tor des Mandala verwandelt sich der Schüler in den Buddha Amoghasiddhi.

Diese Einweihung befähigt zum richtigen Gebrauch der Sinnesobjekte im Verständnis ihrer Natur der Leerheit. Sie ist dem selbständigen Handeln eines Kleinkindes vergleichbar, d.h. seinem ersten Umgang mit den Objekten seiner fünf Sinne. Wenn nur wenige Schüler bei der Kalachakra-Einweihung zugegen sind, erhalten diese Knochengewänder, Dreizack und Schädelschalen, sonst werden diese bekannten tantrischen Ritualgeräte lediglich visualisiert.

6.) Namens-Einweihung:
Die Einweihung ist der Namensgebung beim Kind vergleichbar, d.h., der Schüler wird im Namen (Aspekt) eines der Dhyani-Buddhas erscheinen. Bei dieser Einweihung der geheimen Namensgebung erhält der Schüler den Namen von einem der fünf Dhyani-Buddhas, die er zusammen mit den Bodhisattvas visualisiert, dabei Vajra und Glocke bewegend. Der den Namen gebende Lama kann dabei mit den Eltern verglichen werden, die dem Kind einen Namen geben. Hier werden die sechs Aktionskräfte, d.h. die Glieder des menschlichen Körpers (Mund, Arme, Beine, Gesäß, Urinieren, Regenerationsvermögen) und deren Handlungen (reden, greifen, laufen etc.), nach anderer Version die Taten des Schülers, gereinigt und in zornvolle Gottheiten umge-

wandelt. D.h., der Schüler soll die Vollendung der schreckensvollen Gottheiten erlangen.

7.) Erlaubnis-Einweihung (auch Vajrameister-Einweihung).
Diese durch den Buddha Vajrasattva ('Diamant-Natur') und die weibliche Gottheit Prajnaparamita ('Vollkommene Weisheit') erteilte Einweihung der 'Zulassung' reinigt die Glückseligkeit. Sie besteht aus zwei Teilen: die eigentliche 'Erlaubnis' und die Rituale, die mit dieser Erlaubnis zusammenhängen. Am westlichen Mandalator angelangt, wird der Schüler durch den Geburtsprozeß in den Buddha Vairochana verwandelt, den zentralen Adi-Buddha 'sonnenhaften Lichtglanzes' und das höchste zeitlos gegenwärtige Buddhaprinzip, danach in den Buddha Vajrasattva samt Gefährtin, in diejenige Gestalt, deren Wesen die Diamantnatur ist. Der Schüler erhält Vajra und Glocke in die Hand und rezitiert Mantras. Beim Empfangen dieser Einweihung hält er die Symbole der Dhyani-Buddhas in den Händen: Vajra, Dharma-Rad, Schwert, Juwel und Lotos.

Diese im tibetischen 'je-nang' (Einweihung, Ermächtigung) genannte Initiation ist der Unterweisung des Kindes durch die Eltern analog, d.h. der Phase, in der das Kind lesen und schreiben lernt und dadurch selbständig wird.

Sich auf die Erlaubnis beziehende Rituale:

Der Schüler erhält die Ermächtigung für das Kalachakra-Mantra. Er erhält geweihtes, auf die Beseitigung der Unwissenheit anspielendes Augenwasser, einen Spiegel, der ein begriffliches Verständnis der Leerheit versinnbildlicht, Pfeil und Bogen (in Kleinformat), die die durchdringende Weisheit der nichtbegrifflichen Verwirklichung der Leerheit symbolisieren.

Diese oben beschriebene siebenfältige Einweihung bezeichnet den tatsächlichen Eintritt in das Kalachakra-Mandala. Es ist ein Wandlungsprozeß der Aggregate und Elemente des Schülers, die in die fünf Buddhas bzw. in die weiblichen Gefährtinnen umgeformt werden. Die Vollendung dieser sieben Initiationen ermöglicht es uns, die durch die negativen Handlungen von Körper, Rede und Geist entstandenen Verunreinigungen zu eliminieren und die höchsten Vollendungen des gewöhnlichen Weges zu erlangen. Wenn man diese Praxis in genauer Übereinstimmung mit der Mandalapraxis befolgt, kann man die Stadien bis zur siebten Bodhisattvastufe in diesem einen Leben verwirklichen. Die Einweihungen sind ein Prozeß geistiger Wiedergeburt. Ihr Hauptzweck ist es nach den Worten des 1. Dalai Lama: „Den spirituellen Kandidaten in ein für die Praxis des Yogas der Entwicklungsphase geeignetes Gefäß umzuwandeln und einen Weg für die Ausbildung meditativer Stabilität zu weisen".

Zweiter Teil:

Es folgen die vier Fortgeschrittenen-Einweihungen und die vier Höchsten-Einweihungen, die zur Praxis der Vollendungsphase von Kalachakra authorisieren:

DIE VIER FORTGESCHRITTENEN EINWEIHUNGEN

1.) Vasen-Einweihung:
Sie ermächtigt den Schüler, sich selber in Form der Gottheit zu visualisieren. Wenn der Vajrameister bzw. der Dalai Lama die Vase hochhebt, visualisiert man eine Opfergöttin, die mit einer vom Nektar des weißen Bodhicitta gefüllten Vase erscheint bzw. visualisiert wird. Dieses weiße Bodhicitta, mit dem der Kopf des Schülers benetzt wird (im Ritual de facto mit Wasser) und der dessen Körper durchdringt, befähigt einen, den eigenen Körper als den Buddha, als Kalachakra zu vi-

sualisieren und über letzteren als Yidam zu meditieren. Das weiße Bodhicitta ermächtigt den Schüler, die Meditation der fortgeschrittenen Stufe der Kalachakra-Praxis auszuüben.

Diese mit Akshobhya (Reinigung von Zorn) verbundene Einweihung eliminiert die Hindernisse des Körpers und versetzt einen in die Lage, Same und Macht zur Erlangung des Nirmanakaya[37] zu erhalten, den inkarnierten leiblichen Körper eines Buddha. Realiter wird keine Vase in diesem Ritual gebraucht, da mit dem „Gefäß" hier die Brüste der als Opfergabe an den Vajrameister gegebenen Weisheitsgefährtin gemeint sind: „Die Vase, die das Weiße (Milch) enthält" (dkar-'dzin-gyi bum-pa). Der Schüler visualisiert das Berühren der Brust, wodurch Glückseligkeit (sukha) entsteht. Da die Brüste der Form einer Vase gleichen, heißt diese Initiation 'Vasen-Einweihung'.

Eine Vasen-Einweihung hat fünf gewöhnliche Schüler-Einweihungen (Wasser, Krone, Vajra, Glocke, Name) und eine Vajra-Einweihung. Aus dieser Zusammenstellung kann man die jeweilige Tantra-Klasse erkennen:

Kriya-Tantra: Nur Wasser- und Kronen-Einweihung.

Cariya-Tantra: Alle fünf Schüler-Einweihungen (Wasser, Krone, Vajra, Glocke, Name).

Yoga-Tantra: Alle fünf Schüler-Einweihungen und Vajrameister-Einweihung.

Anuttara-Tantra: Alle Einweihungen, zusätzlich Vasen-, Geheime-, Weisheits- und Namens-Einweihung.

---

[37] Sanskrit: „Körper der Umwandlung", durch den der Buddha im Kontakt mit der Erscheinungswelt bleibt. „Nirmana" sind „manifeste Wesenheiten". Es sind alle irdischen Buddhas, die wie Shakyamuni in menschlich-physischer Gestalt auftreten.

2.) Geheime Einweihung:

Diese Initiation repräsentiert das Schauen dessen, was sonst geheim ist, und wird so genannt, da der Schüler durch die Augenbinde nicht dem Ritual des Guru folgen kann. Letzterer sitzt dabei in spiritueller Vereinigung mit seiner Weisheitsgefährtin und vereint auf diese Art die männliche und weibliche Kraft, läßt den Schüler vom mystischen Nektar kosten und ihn die Große Glückseligkeit erfahren.[38]

Der Guru bzw. der die Initiation gebende Lama sitzt als Kalachakra-Gottheit mit seinem visualisierten prajna, erfährt glückselige Leere und bringt geheime Substanzen hervor, die in Form von Tee und Yoghurt dem Schüler gereicht werden. Indem man davon probiert, macht man im Geiste die Erfahrung der glückseligen Verwirklichung der Leere. Im Ergebnis werden die Hindernisse der Rede (dies bedeutet Sprache, im weitesten Sinne) zerstört. Same und Macht werden zur Erlangung des Sambhogakaya, des Aspektes des überirdischen 'Leibes der Wonne'.[39]

In dieser Einweihung wird die Meditation auf das Kalachakra-Mantra und seine Energien praktiziert. Der Schüler visualisiert den geheimen Vajra des Vajrameisters (Dalai Lama) im eigenen Mund und kostet den weißen Bodhicitta des Guru-Lamas. Dieser weiße Bodhicitta geht zum eigenen Herzchakra herab und erzeugt dabei Glückseligkeit, die mit der Verwirklichung der Leerheit erfahren wird. Der Name 'Geheime Einweihung' resultiert auch daher, daß man der geheimen Substanz des Vajrameister teilhaftig wird.

---

[38] Nach G. H. Mullin, The First Dalai Lama on Kalachakra, 1982.

[39] Auch „Körper des Genusses", jedoch ein überweltlicher Körper, der „nicht mit den Sinnesorganen wahrzunehmen, sondern nur spirituell erfahrbar" ist (H. W. Schuhmann). Teil der Drei-Körper-Lehre (trikaya) der Buddhanatur: Dharmakaya-Sambhogakaya-Nirmanakaya, d. h. der unstoffliche Dharmaleib, die überirdisch-feinstoffliche und die irdisch-grobstoffliche Natur Buddhas.

3.) Weisheits-Einweihung:

Auch 'Bewußtseins-Einweihung' genannt. Der Name ist auf die Weisheitsgefährtin (prajna) bezogen, die von Natur aus Weisheit ist. Diese Initiation repräsentiert die Vereinigung mit dieser Weisheitsgefährtin, die dem Schüler vom Vajrameister visualisiert übergeben wird. Im Zustand dieser Vereinigung männlicher und weiblicher Energien (Yab-Yum) erfährt man selber Leere und Glückseligkeit und damit die volle Erleuchtung, ohne dabei an inneren Energien zu verlieren. Das bedeutet zugleich, daß wir Weisheit und Mitgefühl in unserem Leben zu vereinigen haben. Die Meditation erfolgt auf die Vereinigung dieser männlichen und weiblichen Energien, aus deren Einheit Bodhicitta von der Kopfkrone (Ushnisha) herabsteigt und im jeweils folgenden Körperchakra immer höhere Seligkeit erzeugt (Geshe Dhargyey).

Mit der vereinigten Erfahrung von Glückseligkeit und Verwirklichung der Leerheit erhält man die Weisheits-Einweihung. Nach Geshe Dhargyey sei es möglich, daß hoch realisierte Personen die Ermächtigung für eine reale weibliche Gefährtin haben.

Man unterscheidet zwei Arten von prajna:

> Handlungs-Mudra (karma-mudra), eine wirkliche Person;
> Weisheits-Mudra (jnana-mudra), die Weisheitsgefährtin
> in visualisierter Form.

In dieser Einweihung wird dem Schüler im spirituellen Sinne eine Weisheitsgefährtin übergeben und ihm gelehrt, sich mit ihr zu vereinigen. Sein Geist soll dabei zu seinem Urgrund bzw. zur Leere ~ die wahre Art, in der alle Dinge existieren ~ gewiesen werden. Symbolisiert ist das durch die Vagina der Weisheitsgefährtin. Als Ergebnis werden die Hindernisse des eigenen Denkens und diejenigen bei der Erlangung des Weisheits-Wahrheitskörpers beseitigt.

4.) Wort-Einweihung:

Auch als 'Vierte Einweihung' bezeichnet. Hierdurch wird der Geist des Schülers zur letzten Bedeutung der Erleuchtung geführt, weshalb diese Einweihung eigentlich nur ein vollkommener Buddha geben kann. Sie repräsentiert das Bewußtwerden der Glückseligkeit. Man stellt sich dabei vor, daß man durch die Kontrolle seiner eigenen Energien Leere und Glückseligkeit erfährt. In der Visualisation steigt weißes Bodhicitta (Samen) vom Kopf hinab bis in die Spitze der Genitalien, und ohne daß ein Tropfen verlorengeht, steigt es wieder hinauf zum Scheitel.

Diese Einweihung ist Mahamudra: die direkte Verbindung des Geistes von Lehrer und Schüler, die volle Erkenntnis. In der Meditation auf Mahamudra meditiert man auf den eigenen Geist als Buddha-Geist. Im Effekt werden alle Hindernisse von Körper, Rede und Geist zusammen zerstört und der Same und die Macht zur Erlangung des Weisheitskörpers eines Buddha gepflanzt (Svabhava-Kaya).

Die Vier höchsten Einweihungen

Diese Einweihungsfolge hat die gleichen vier Initiationen wie vorangehend im 'Zweiten Teil' (Seite 84 ff.) beschrieben, aber mit etwas verschiedenen Visualisierungen. So visualisiert man z.B. bei der Vasen-Einweihung neun Opfergottheiten statt einer. Diese 'fortgeschrittenste' Wort-Initiation bedeutet die Vereinigung des eigenen Zustandes des glückseligen Bewußtseins vereint mit Leere und der Kalachakra-Natur. Als Ergebnis der vier Initiationen des II. Teils ist man voll autorisiert, alle Stadien des Kalachakra-Tantra zu erhalten und zu praktizieren. Nach den Initiationen dieses III. Teils darf man die Kalachakra-Initiation anderen lehren und selber Ermächtigungen geben. Man kennt hierfür auch die Bezeichnung 'Vajrameister-Einweihung'. Ohne spezifische Visualisation ist sie eine Art formelle Inaugurationszeremonie für die erhaltene vollständige Autorisation der Kalachakra-Praxis

Einige zusätzliche Einzelheiten zum Einweihungsritual seien hier nach Kalu Rinpoche notiert. Von Kalachakra (im Ritual: Dalai Lama bzw. ein Vajrameister) geht Licht zu uns und verwandelt uns in einen Lichtball. Als solcher gehen wir in Kalachakras Mund ein, von dort in das Herz, dann in Vishvamatis Leib ~ dem Reinen Land Shambhala ~ wo wir als Kalachakra geboren werden (in Form einer einköpfigen und zweiarmigen Gestalt). Dadurch, in der mystischen Neugeburt, haben wir den Zustand Großer Glückseligkeit erreicht. Es folgt ein siebenfaches Gebet:

Sprechen der Zufluchtsformel;
Bekennen unserer schlechten Handlungen in allen früheren und in diesem Leben;
Sich-Freuen an dem Guten und an den Tugenden anderer;
Erwecken des Erleuchtungsgeistes (Bodhicitta) mit dem Wunsch, zum Wohle aller die Erleuchtung zu erlangen;
die Bitte an alle Buddhas, uns immerfortwährend ihre Kraft und Weisheit zu geben;
das Entwickeln von Mitgefühl und uneigennützigem Denken, eine Einstellung, mit der wir zum Zwecke der Erleuchtung allen Lebewesen begegnen sollen;
das Versprechen, die gelobte Vajra-Bindung zum Lehrer und gegenüber seinesgleichen zu halten.

Wir wünschen so zu werden wie die Buddhas. Auf dieser Ebene visualisieren wir die fünf Silben, damit unsere Lotoszentren (Chakras) gesegnet und in uns keine negativen Energien wirksam werden ~ zum Schutz für Körper, Rede und Geist:

in der Stirn eine weiße Monddscheibe mit der Silbe U,
im Herzen eine schwarzblaue Scheibe mit einem I,
über dem Kopf die Silbe A,
im Nabel eine Feuerscheibe mit einem RHI,
in den Genitalien eine Scheibe mit HAM.

Danach entsteht im Herzen ein schwarzes HUM, in der Kehle (Rede) ein rotes AH und in der Stirn ein weißes OM. Schließlich meditieren wir, daß alle Opferungen an den (Dalai) Lama zugleich Opferungen an uns als Kalachakra sind.

Nach dem Ritual mit dem Holzspan-Orakel (an früherer Stelle erklärt) erfolgt eine erneute Visualisierung:

in der Stirn eine weiße Monddscheibe mit der Silbe OM,
im Hals eine Sonnenscheibe mit rotem AH,
im Herzen eine blauschwarze Scheibe mit HUM,
im Nabel eine Feuerscheibe mit HO,
über dem Scheitel eine schwarzblaue Scheibe mit HAM,
in den Genitalien die Silbe KA.

Nach Austeilung des die Träume positiv beeinflußenden Kusha-Grases (siehe Anm. 28) erhalten die Schüler die fünffarbige Segensschnur (weiß, rot, blau, gelb, grün), die männlichen Adepten am linken, die weiblichen am rechten Oberarm, ein speziell in dieser Einweihung gegebener Segen. Rote Stoffbänder an der Stirn des Schülers symbolisieren den den Blick verdeckenden Schleier der Unwissenheit und sind zugleich als Schutz gedacht. Dem Adepten in die Hände gegebene Blumen oder auch gefärbten Reis wirft man zu einem bestimmten Zeitpunkt des Rituals in das Mandala. Damit soll die Verbindung zu bestimmten göttlichen Kräften hergestellt werden. Mit der an dieser Stelle zuständigen Gottheit haben wir auf Grund karmischer Kräfte eine Verbindung, die durch das Zurückwerfen der Blume durch jene Gottheit auf unseren Kopf bestätigt wird.

Beim Austeilen von Nektar (auch 'Safran-Wasser'), der die Kraft gibt, den eigenen Körper als den Buddha bzw. als Kalachakra zu sehen, stellt der Vajrameister die etwa so lautende Frage: „Wenn Ihr die Große Glückseligkeit sucht, so zeigt Euch." Darauf erfolgt die Antwort der Schüler: „Hier sind wir, die wir die Große Glückseligkeit suchen."

Für die in den Einweihungsritualen immer wieder vorkommenden Opfer unterscheidet Geshe Dhargyey vier Formen:

> Äußerliches Opfer: Butterlampen, Speisegaben, Weihrauch usw.; je nach den persönlichen materiellen Möglichkeiten. Diese Opfer kann man auch visualisieren.
>
> Innerliches Opfer: die im Bewußtsein stattfinden.
>
> Geheime Opfer: etwa das geistige Opfer einer Dakini bzw. Weisheitsgefährtin an den Lama-Yidam (Dalai Lama als Kalachakra visualisiert), in deren Vereinigung unteilbare Glückseligkeit und Leerheit erfahren wird.
>
> Das Opfer der Solchheit.

Für die beschriebenen Initiationen sind jeweils bestimmte Gelübde notwendig, von denen man drei Arten unterscheidet:

> Gelübde für die **individuelle Befreiung**,
> **Bodhisattva-Gelübde**, d.h. Gelübde, um sein mitfühlendes Herz auszuweiten und
> **Tantra-Gelübde** für die tantrische Praxis.

Die Kalachakra-Einweihung kann auf drei verschiedenen Ebenen gegeben werden:

> auf der einfachen Ebene: nur die Sieben Einweihungen 'wie ein Kind'(so in Madison /USA1981).
>
> auf der mittleren Ebene: Sieben Einweihungen 'wie ein Kind' plus die wiederum jeweils in vier Gruppen eingeteilten vier Höheren und vier Höchsten Einweihungen (so in Rikon/Schweiz 1985).
>
> auf der höchsten Ebene: alle Einweihungen, d.h. Sieben Einweihungen 'wie ein Kind' plus vier Höhere und vier Höchste Einweihungen plus Höchste Vajrameister-Einweihung. Diese Initiation autorisiert einen, diese Einweihungen auch anderen zu geben (so in Bodhgaya/Indien, 1985).

Das Mandala und sein Ritual

Das Mandala als Initiationsweg

Ein Einweihungsritual im tibetischen Buddhismus erfordert den Bau eines Mandala, denn letzteres ist die Residenz der die Initiation gewährenden Gottheiten. Nachdem man den Boden, über den das Mandala errichtet werden soll, untersucht und gegebenenfalls von Hindernissen gereinigt hat, holt man von den irdischen und göttlichen Besitzern des Terrains die Erlaubnis für den Mandala-Bau ein. Der Vajrameister (Dalai Lama) ruft die Gottheiten des Erdreichs an und opfert Tormas. Dank seiner spirituellen Kraft kann ein bedeutender Mönchsmeister negative Mächte an einem solchen Ort dislozieren.

Am Abend rezitiert er auf seinem Schlaflager Mantras und schläft mit dem Kopf gegen Süden, den Mund nach Osten gerichtet. Am folgenden Morgen analysiert er seine Träume, die ein gutes Omen für den Mandala-Bau an dieser Stelle abgeben sollen.

Danach werden Blumen am Mandala-Ort ausgestreut. Der Dalai Lama setzt sich ins Zentrum des zu errichtenden Farbsand-Mandala, Vajra und Ghanta in den Händen, und visualisiert einen schützenden Kreis (Zaun) aus Vajras und Feuer. Dann bittet er die Gottheiten um Hilfe beim Bau des Mandala. An allen vier Richtungen des heiligen Ortes stehen assistierende Mönche, visualisieren sich selber als 'Tathagata-Buddhas der Vier Richtungen' und bringen dem Meister (Dalai Lama) ein Mandala-Opfer. Sie bitten ihn, das Mandala im Grundriß zu zeichnen, was dieser wortlos annimmt, damit anzeigend, daß er das Mandala auf die gleiche Art entstehen lassen werde wie Vajradhara, als jener von den Buddhas darum gebeten wurde. Nun werden alle mit dem Dämon der Unwissenheit verbundenen Wesen aufgefordert, den

Ort zu verlassen, damit wir (die Menschen generell, die Mönche im Ritual) von unseren geistigen Trübungen gereinigt werden und Erleuchtung erlangen können. Dies geschieht auch mittels Drohungen gegenüber den negativen Kräften durch die magische Abwehr- und Zerstörungskraft der Ritualinstrumente Vajra und Phurba (Ritualdolch). Auch der im 'Vajraschritt' erfolgte kreisförmige Ritualtanz der Mönche dient diesem übelabwehrenden Zweck.

Gewöhnlich zehn Phurbas steckt man durch mehrfaches Umschreiten der Mandala-Fläche nach den verschiedenen Richtungen in den Boden, um eine eventuelle Rückkehr der negativen Mächte zu verhindern. Dabei werden letztere durch die am Phurba-Kopf dargestellten zornvollen Gottheiten gleichsam 'in Grund und Boden gerammt' und somit unschädlich gemacht. Zuvor hatte der im Zentrum des Mandala-Tisches sitzende Vajrameister aus sich zehn zornvolle Gottheiten emaniert, die in die Ritualdolche eingegangen waren. Da diese Phurbas Gottheiten sind, wird ihnen auch geopfert. Da der Phurba also zugleich eine von der Weisheit der Glückseligkeit und der Leere erfüllte Gottheit darstellt, ist seine eliminierende Kraft nicht eigentlich verletzend in dem Sinne, daß sie anderen Wesen Leiden zufügt. In ihn zuvor eingegangene Weisheitswesen werden durch das Aufstellen an den heiligen Ort gebannt: Abwehr und Schutz sind gleichermaßen gewährleistet

Die tantrischen Systeme lehren den Bau eines bestimmten Mandala, „gewissermaßen die Essenz seiner Lehre in bildlicher Form" (Helmuth von Glasenapp, 1940). Im Kalachakra-Einweihungsritual ist das in tagelanger Arbeit von bestimmten Mönchen vorbereitete Mandala aus Farbsand der kultische Mittelpunkt. Gewöhnlich in zweidimensionaler Form als gemaltes Thangka nimmt es auch unter den Meditations-Bildern (oder genauer nach dem tibetischen Begriff 'Meditations-Instrumenten') einen ersten Platz ein. Kalachakra-Mandala Thankas sind aber sehr selten. Von den bedeutenden alten Malereien seien hier diejenigen der Donation Lionel Fournier (15. Jahrhundert), des Potala in Lhasa (um 1500) und des Pariser Museé Guimet als Beispiele genannt.[40]

Das Sanskritwort 'mandala' (tibet. dKyil-'khor) läßt sich etwa mit 'Kreis um einen zentralen Punkt' übersetzen. Es ist ein quadratisches oder bzw. und rundes „Psychokosmogramm, das Schema der Auflösung des Einen in Vieles und der Reintegration des Vielen in das Eine, in jenes absolute, integrale und lichte Bewußtsein, das der Yoga im Urgrund unseres Wesens von neuem aufleuchten läßt . ., eine Anweisung zur Erlösung" (G. Tucci, 1972). Als ein den Kosmos repräsentierendes Schaubild ist es eine tantrische Projektion der Welt mit ihren vier Himmelsrichtungen und für das Universum, das so vollkommen ist und ohne Anfang und Ende wie der Kreis, ein altes Kosmossymbol. Mandalas sind im mehrfachen Wortsinne Welt-Bilder, der äußeren und inneren Welt, des Makro- und Mikrokosmos. Sie stellen durch „magische Wiedergabe die Welt selbst dar, in der sich der Zelebrant, indem er sich in deren Mitte begibt, mit den Kräften identifziert, die die Welt beherrschen und sich deren heilswirkende Macht verkörpert" (G. Tucci, 1972).

Als kultisches Instrument (Yantra) dienen Mandalas der Unterstützung der Meditation und Konzentration, sind zugleich 'Stütze', so das tibetische Wort, für die Gottheit, so wie der Körper die Stütze für

[40] siehe G. Béguin, L'art ésotérique de l'Himalaya. La donation Lionel Fournier. Paris 1990, No. 29; Xizang Thangka. Beijing 1985, Tafel 115; M.M. Rhie/R.F. Thurman, Wisdom and Compassion. New York 1991, No. 156 (hier auch das Rikon-Sandmandala auf S. 383 abgebildet und ein interessantes Thangka des Shambhala-Königreichs, No. 157).

Mandala des 634-
fältigen Kaya-vak-
cittaparinispanna
Kalachakra
(nach R.Vira and
L.Chandra,A new
Tibeto-Mongol Pan-
theon,Part 15,
Delhi 1967,Plate 97

97 Short name: Dus ḥkhor (Kālacakra)

९७ चतुस्त्रिंशदुत्तरषट्शतात्मकः कायवाक्चित्तपरिनिष्पन्नः श्रीकालचक्रः ।

97 The 634-fold Kāya-vāk-citta-pariniṣpanna Kālacakra. Kāya-vāk-citta-tantra-rāja is Kanjur no. 388.

den Geist ist. Erst durch Erschaffen eines Mandala kann der Adept selber mit seinem Körper (als 'Inneres Mandala') mit dem Universum ('Äußeres Mandala') in Beziehung treten. Als visuelle Meditationshilfe für den Eingeweihten ist das aus verschiedenfarbigem Sand 'gebaute' Mandala des Kalachakra-Yoga-Tantra der eigentliche Ort der Einweihung, eine für die zentrale (Kalachakra-) Gottheit geweihte Ebene und Erscheinungssphäre der Gottheiten, die sich im Mandala manifestieren. Diese Gottheiten sind keine für sich existierenden Wesenheiten, sondern Projektionen des Meditierenden. Sie repräsentieren Bestandteile seiner Persönlichkeit (Körper, Rede, Geist). Es ist ein lebender Kosmos, dessen Teile von den göttlichen Numina gefüllt sind.

Wie wir bei der Beschreibung und Deutung des Rituals sehen werden, sind Mandalas Symbole der Wandlung, eines Prozesses, den der Betrachter, oder genauer Benutzer, innerlich durchläuft, so, wie sich alles Leben nur in der Wandlung vollzieht: Kosmossymbol, Meditationsinstrument, therapeutisches Kultobjekt. So gibt es sogar ein 'Mandala zur Reinigung von schlechten Existenzformen' (Durgati-Porishodhana-Mandala).

Zu lesen ist dieses Kosmogramm (siehe Abb. S. 96/97) von außen nach innen. Auf dem Weg zur Mitte durchschreitet man verschiedene Kreise, Mauerwälle und Portale: Ein Prozeß der Erkenntnis, Reinigung, Läuterung, Einweihung. Im Einweihungsritual führt der Vajrameister (Dalai Lama) den Adepten in das Mandala ein, indem er alle Attribute, Tore, Wallmauern, Gottheiten und Symbole beschreibt. Der äußere Flammenkreis (Tsongkhapa: 'Feuerberg') ist eine lodernde Barriere für den Nichteingeweihten und ein Erkenntnissymbol, da die anfänglich vorhandene Unwissenheit ~ Feuer reinigt ~ verbrannt wird. Der folgende Diamantgürtel, der Vajrakreis der Initiation, ist das Symbol höchsten Bewußtseins, das, wenn es einmal erreicht ist, nicht mehr verlorengeht, da es unzerstörbar und unveränderlich wie der Diamant ist. Er hält negative Einflüsse fern und transformiert den Übenden in ein 'Vajra-Wesen', das ermächtigt ist, die Rituale und Meditationsübungen des Vajrayana auszuführen. Ein weiterer Bezug mag zum 'Rad der Lehre' bestehen, das mittels der Vajra-Methode in Bewegung gehalten wird. Nur bei den Mandalas zornvoller Gottheiten ist noch der Kreis der Acht Friedhöfe dargestellt, der zur Meditation über die Vergänglichkeit auffordern soll. Exoterisch gibt er die acht furchterregenden Orte wieder, wo die Asketen meditieren, esoterisch die acht Aspekte des desintegrierten Bewußtseins. Diese acht 'vijnana' sind die Ursache des Daseinskreislaufes (Samsara), die so lange wirken, wie wir uns im Kreislauf von Geburt, Tod und Wiedergeburt befinden.

Der innere Lotus-Kreis symbolisiert die geistige Wiedergeburt und die Reinheit des Herzens. Auf seinem visualisierten Weg gelangt nun der Adept an die Portale des Mandala-Palastes, die Tore zur Befreiung. Hier begegnet man außen den irdischen Buddhas und den Torhütern (Lokapalas), im Innern den fünf gewöhnlich als Dhyani-Buddhas bezeichneten Tathagatas, den Emanationen des Urbuddha, und den ihnen zugeordneten Bodhisattvas. Gewöhnlich sind zwischen den äußeren Kreisen und den Portalen des quadratischen Palastes noch die vier Doppelbögen des Vishra-vajra sichtbar, die Spitzen des gekreuzten Doppelvajra, auf dem die Welt ruht, und dessen Abbild ja das Mandala ist. Im Kalachakra-Mandala steht dafür ein zusätzliches äußeres Portal. Auch ist hier die Ikonographie der äußeren Ringe teilweise anders. So folgt von außen nach innen auf den Feuer- und Vajrakranz ein Mantrasilben-Ring mit 88 durch acht Dharmachakra-Räder unterbrochenen mantrischen Kernsilben in Sanskrit, die mit den 88 Planeten, Mondphasen, Zodiakzeichen und mystischen Götterwelten in Beziehung stehen. Anschließend folgt ein Wasser-(oder Äther?-) Kranz und schließlich ein letzter Ring mit einem Mäanderband. Mehrere Sanskrit-Keimsilben auf weißem Grund repräsentieren verschiedene Opfergottheiten. Der geistige Weg durch die verschiedenen Kreise bezeichnet die Wandlungen, die der Praktizierende durchleben muß, bevor er das innere quadratische Heiligtum des Mandala betreten darf, den geheiligten Bereich der Gottheiten.

Die verschiedenen Bodhisattvas auf dem Weg zum Zentrum des Mandala symbolisieren die Stufen, die man auf dem Weg zur Buddhaschaft zu durchlaufen hat. Zusammen mit den aus dem Schoß der weiblichen Gefährtinnen der Buddhas geborenen Göttinnen, den weiblichen Bodhisattvas, stehen sie auch für die Idee des Opfers und der Anbetung.

Im Schema der fünf Richtungen (einschließlich der Mitte) ist jeweils ein Buddha u. a. als Vertreter der fünf Elemente angeordnet, die den äußeren Kosmos, aber auch die Bestandteile unseres Körpers (Aggregat) bilden:

Richtung	Buddha	Farbe	Element	Körperaggregat	Daseinsfaktor
Mitte	Vairocana	weiß	Äther	Hohlräume	Bewußtsein
Osten	Akshobhya	blau	Wasser	Flüssigkeit und Blut	Körper
Süden	Ratnasambhava	gelb	Erde	Fleisch und Knochen	Empfindung
Westen	Amitabha	rot	Feuer	?	Wahrnehmung
Norden	Amoghasiddhi	grün	Luft	Atmung	Wollen

Da im Mandala der Buddha Askshobhya auch die Mitte einnehmen kann, ist mitunter ein solcher Austausch möglich.

Die fünf Eigenschaften oder Bestandteile der menschlichen Persönlichkeit (Aggregate, Daseinsfaktoren: Skandhas) bilden den inneren Aufbau, den Mikrokosmos, während die fünf Elemente den äußeren Aufbau des Universums, den Makrokosmos repräsentieren. Mit den fünf Daseinsfaktoren stehen die fünf Buddhas in einer inneren Beziehung zum Menschen und bilden sozusagen eine Brücke zwischen Mikro- und Makrokosmos, deren Identität laut tantrischem Prinzip hier deutlich demonstriert ist. Der Mensch gehört nach dieser Auffassung von Natur aus zu einer der fünf Buddhafamilien, und das für die bestimmte Person geeignete Mandala hat den entsprechenden Buddha im Zentrum.

Da sich der Adept mit diesen im Guhyasamaja-Tantra ausführlich beschriebenen fünf Buddhas identifiziert, stellt er sich als Subjekt in das Zentrum des Mandala und realisiert die darin gegebenen Lehren und Inhalte. Es ist dabei wesentlich, sich selbst als dessen Teil wahrzunehmen. Er identifiziert sich in der unio mystica mit dem Bild, mit der Essenz der zentralen Mandala-Gottheit, der Personifikation des Dharmakaya und dessen Eigenheiten und Kräften, wie es im Detail in den Sadhana-Texten beschrieben ist. Diese zentrale Gottheit ist das Symbol für den Erleuchtungsgeist und höchstes Ziel auf dem Weg der Befreiung. Sein Ich geht im Bild der Gottheit auf, und er erlangt Nirvana, das Aufgehen im Absoluten. Diese fünf Buddhas und ihre Symbolik bilden die Grundlage für das Verständnis des ganzen darauf aufbauenden Pantheons lamaistischer Gottheiten. Der Eintritt in das Mandala ist der Eintritt in die kosmische Ordnung. In der Identität von Mikrokosmos und Makrokosmos wird der Adept mit sich und der Welt eins. Auf dem Weg zur Mitte findet er die Mitte seines Selbst und des Universums. Indem er das Mandala visualisiert und sich mit ihm identifiziert, soll die eigene Buddhanatur sichtbar und existent werden.

Im Vorgang der Bildmeditation meditiert man zunächst über die große Leerheit des menschlichen Raumes, aus dessen Lichtstrahlen heraus die Gottheiten in Form von Keimsilben durch Mantra-Evokation (Anrufung) visualisiert werden. Dieser in der zentralen Gottheit kulminierenden Visualisation geht eine analytische Betrachtung des Adepten voraus. Mit Hilfe von Mudras und Mantras, rituellen Körpergesten und magisch gearteten Anrufungsformeln vereinnahmt der Adept die zuvor in einen Buddha 'verwandelte' zentrale Gottheit und identifiziert sich mit ihr. Auf diese Art wird der Mandala-Betrachter auf mystische Weise zum Buddha. Im weiteren Ritus vergegenwärtigt der Praktizierende die fünf mystischen Buddhas, die schon zuvor beschriebenen Tathagatas ('die in ihrem Wesen Unveränderbaren'), durchläuft die fünf Phasen der Meditation bis zur Erlangung der Buddhaschaft, womit er den Erlösungsweg des historischen Buddha Shakyamuni nachvollzieht (R. Goepper), der nach der Erleuchtung in einen mystischen Himmel einging und die Form eines symbolischen Buddha, z.B. des Vairochana, annahm.

Das Kalachakra-Mandala wird ausführlich im Sanskrittext des Nishpannayogavali (Nr. 26) beschrieben.[41] Die Mitte nimmt die Kalachakra-Vishvamata-Gottheit in Yab-yum ein, oder wie im Farbstaub-Mandala der Vajra als Symbol der Gottheit. Der sie umgebende achtblättrige Lotos steht für die acht Shakti-Gottheiten, die die Energien des Mitleids des erleuchteten Herzens symbolisieren. Weitere Blumen und Farbpunkte repräsentieren den 'Geist-Mandalapalast', den innersten der drei konzentrischen Paläste, dem nach außen der 'Rede-Mandalapalast' folgt, mit acht achtblättrigen Lotosblumen und 64 Gottheiten. Es folgt nach außen der 'Körper-Mandalapalast' mit den 360 Gottheiten der Jahrestage auf zwölf (Monate!) 28 blättrigen Lotosblumen.

---

[41] B. Bhattacharya, 1949, sowie M.-Th. Mallmann, 1975.

Das Kalachakra-Mandalabild weicht in mehrfacher Hinsicht vom Aufbau der meisten anderen Mandalas ab. Die äußeren konzentrischen Kreise sind als sich in der Raumprojektion nach oben verjüngende Scheiben der Elemente Äther (Raum), Luft, Wasser, Feuer und Erde zu verstehen, die das Universum tragen. Diese kosmischen Bezüge fehlen gewöhnlich bei anderen Mandalas. Ein Ring an Keimsilben und Chakra-Rädern steht nach dem üblichen Feuer- und Vajrakranz anstelle der sonst häufigen 'Acht Friedhöfe'. Der übliche innerste Lotosring fehlt. Auch das Kolorit weicht vom sonst gewöhnliche Schema ab: Schwarz im Osten, Rot im Süden, Gelb im Westen, Weiß im Norden, Grün oder Blau im Zentrum.

Das Ritual

Jedes Mandala bekommt seinen Sinn erst im Ritus, d.h. in einem jeweils spezifischen Bezug zum das Ritual ausführenden Menschen. Damit es seine Kräfte voll entfalten kann, müssen bestimmte Regeln bei der Herstellung des Mandala beachtet werden: Bestimmung und rituelle Reinigung des Ortes, dessen Inbesitznahme und Schutz, die mit dem Zeichnen und Bauen des Mandala verbundenen Weiheriten usw. In einem bedeutenden Quellentext, dem Sarvadurgati-parishodhana-Tantra heißt es:

> *"Man soll mit dem Segnen des Ortes beginnen; man soll an diesem gesegneten Ort dann den Umriß des Mandala zeichnen, nämlich mit vier Ecken, vier Eingängen, vier Torbögen, geschmückt mit vier Treppen, mit Girlanden, Löwen, Stieren, verziert mit Seide, Quasten, Glocken, Yakschwänzen, Girlanden und anderem hängendem Zierrat. Man soll es mit Siegeln (mudra) aus Diamanten, Juwelen, Lotos und Svastika schmükken. Es sollte acht Umrißlinien aufweisen und mit Darstellungen äußerer Portal-Anlagen verziert sein. Man soll es in neun Sektoren aufgliedern und die Tore sowie ihre Projektionen in drei Teilen wiedergeben . ...".*

Bei der Wahl des geeigneten Ortes wird anschließend an die geomantische Bestimmung das Terrain von Dämonen und anderen negativen Kräften gereinigt. Nach Gebeten und Opferungen für den ausgewählten Ort sowie nach der Zustimmung der lokalen Gottheiten und der Ermächtigung durch die Erdgottheit (Sa-yi lha-mo) folgt die rituelle Inbesitznahme. Diese kann durch Meditation der dafür eigens ausgebildeten Mönche über die bald folgende Mandala-Grundrißzeichnung geschehen, oder aber durch vier Lamas, die sich an die vier 'Tore' des zukünftigen Mandala begeben, um dort mittels symbolischer Gesten (mudras), Inkantationen und Opferungen das Mandala visualisierend zu errichten. Sie rufen auch verschiedene Gottheiten zum Schutz des Mandala herbei, beim Kalachakra-Ritual speziell die Gottheit Vajravega (Dorje shug), vertreiben gleichzeitig schlechte Einflüsse und segnen das Terrain. Jetzt erst hat der Ort des zu errichtenden Mandala die 'glasklare', unbefleckte und unzerstörbare Diamantnatur erhalten.

Für die meisten Anuttara-Yoga-Einweihungen kann ein Sandstaub-Mandala, ein gemaltes oder dreidimensionales oder sogar ein lediglich visualisiertes Mandala der Gottheit gebraucht werden. Im Gegensatz zum in der Kagyüpa-Tradition verwendeten gemalten Mandalabild wird bei der Kalachakra-Initiation der Gelugpa-Schulrichtung aber ausschließlich das aus Farbsand auf dem Boden errichtete Mandala gebraucht, das wegen des großen Aufwandes, es zu errichten, auch als für eine Einweihung am meisten verdienstbringend angesehen wird. So beschreibt es schon Naropa in seinem Kommentar zum einzigen erhaltenen Abschnitt des 'Kalachakra-Wurzeltantra' (siehe Kapitel „Die Abhandlung über die Einweihung"). In einem Text des 1. Dalai Lama (1391-1475) findet sich eine Beschreibung der zu benutzenden Mandalas in den Höchsten Tantraklassen: „Drei Arten von Mandalas können als Grundlage der Einweihung benutzt werden: solche aus Sand, auf Leinwand gemalte und solche, die im Körper visualisiert werden."

Im folgenden sollen die wichtigsten Phasen des Kalachakra-Mandalarituals stichwortartig beschrieben werden, wobei wir im wesentlichen der Darstellung von Martin Brauen (1992) folgen:

Umkreisen des Mandala-Tisches durch den Vajrameister, Streuen von Senfsamen, Asche und Wasser. Einstreichen der Fläche mit den fünf 'Kuh-Substanzen', das sind Butter, Joghurt, Milch, Urin und Dung.

Die am Grundritual Beteiligten berühren für eine letzte Reinigung den Mandala-Tisch und visualisieren dessen Fläche als aus lauter kleinen Vajras bestehend. Darbringen von Opfergaben und Blumen. Nochmaliges Anrufen der Erdgöttin und Bitte um Ermächtigung. Abschließend Meditation über die Leerheit allen Seins.

Der Vajrameister vollzieht die Inbesitznahme des Ortes, dabei im Zentrum des Mandala-Tisches sitzend, das Schutzrad und das gesamte Mandala visualisierend und zu sich sprechend: „Ich werde an diesem Ort ein Mandala errichten in der Art, wie ich es vorgestellt habe."

Nach dem Opfer für die zwölf Opfergöttinnen bringen vier Mönche an den vier Mandala-Seiten je ein Reis-Mandala als Opfer der Welt dem Vajrameister (Kalachakra!) dar.

Der sich meditativ in den zornvollen Aspekt des Kalachakra (Vajravega) verwandelnde Vajrameister fordert an der Nordostecke (von wo die negativen Einflüsse kommen sollen) die hindernden Geister zum Verlassen des Ortes auf.

Der Vajrameister berührt mit seiner Glocke den Vajra der um den Mandala-Tisch stehenden vier Mönche, die ihrerseits mit der eigenen Glocke den Vajra des Meisters berühren. Danach wiederholen die vier Mönche an den vier Mandala-Seiten diese Zeremonie gegenüber dem Vajrameister.

Der auf dem Mandala-Tisch stehende Vajrameister bezeichnet die vier Himmelsrichtungen und die Mitte des Tisches mit den fünf Emblemen Rad, Lotos, Schwert, Juwel und Vajra.

Weihe des Bodens: die Mönche visualisieren auf ihren Fußsohlen einen Vajra. Daraus emanierte zornvolle Gottheiten vernichten alle hindernden Mächte und verwandeln ihre Fußsohlen in lauter Vajras, die den Boden in reine Diamantnatur transformieren.

Abschließender Schutzkreis der Mönche, nochmaliges Reinigen der Mandala-Fläche, Werfen von Senfkörnern, Umkreisen des Tisches mit Räucherwerk.

Aufstellen der mit 'Diamant-Ambrosiawasser' gefüllten Ritualvasen rund um die Mandala-Fläche als Sitz der Mandala-Gottheiten, die zuvor vom Vajrameister mittels einer fünffarbigen, von seinem Vajra ausgehenden und sein Herz berührenden Schnur gebeten wurden, in die gewöhnlich metallnen Vasen hinabzusteigen. Die üblicherweise zehn Vasen werden dann vom Vajrameister und den ihm folgenden Mönchen rituell um den Tisch getragen und bei den ~ in ihnen enthaltenen ~ Gottheiten rund um die Mandala-Fläche aufgestellt. Die Anzahl der Vasen kann variieren. Nach mKhas grub-rje müssen es aber mindestens zwei sein: die 'Handlungs-Vase' (Karma-Kalasha) für das Besprengen des Mandala, der Adepten, des Vajrameisters und der Opfergaben, und die 'Sieghafte Vase' (Vijaya-Kalasha), aus der heraus alle Gottheiten zu erschaffen sind und die während der Einweihung selber zu benutzen ist.

Aufstellen der 'Fünf Substanzen' auf dem Tisch in Mandala-artiger Anordnung: Vasen, fünffarbige Schnur, Farbpulver, Vajra, Glocke. Ablegen von Gelübden durch die Teilnehmer, deren Körper, Sprache und Geist der Vajrameister mit geweihtem Wasser aus allen zehn Vasen ~ der Essenz aller Gottheiten ~ reinigt. Am Ende werden die 'Fünf Substanzen' wieder entfernt.

Vorzeichnen der Grundrißlinien ~ 'Linien der Erkenntnis' ~ mittels einer weißen, in nasser Kalkkreide getränkten Karma-Schnur, die man jeweils für den Abklatsch der beabsichtigten geraden Linie auf dem Mandala-Tisch spannt. Nach Festlegen der Mandala-Mitte werden zunächst die acht Hauptlinien der Kardinal- und Diagonalrichtungen in den Abmessungen bestimmter Grundeinheiten gezogen. Weitergehende Vorzeichnungen werden mit dunkler Tusche auf die Tischplatte gemalt.

Als Vorbereitung für die Sitze der Gottheiten reinigt ein Mönch die entsprechenden Stellen auf dem Mandala-Tisch mit Safranwasser. Dort legt dann der Vajrameister ein Getreidekorn für jede Gottheit nieder und 'belebt' dabei unter Rezitation von Mantras das Mandala.

In der letzten Phase vor dem Errichten des farbigen Mandala und damit vor dem eigentlichen Mandala-Ritual legt man eine aus fünf verschiedenfarbigen Fäden gezwirnte Weisheitsschnur zuerst auf die Ostwest- (Brahma-) Linie und dann alle anderen vorgezeichneten Linien. Die Weisheitsschnur symbolisiert in ihren fünf Farben die Weisheit der fünf Tathagata-Buddhas (Akshobhya ~ grün, Amogasiddhi ~ schwarz, Ratnasambhava ~ rot, Amitabha ~ weiß, Vairochana ~ gelb), die durch dieses Ritual mit der Schnur eins werden sollen.

Errichten des Farb-Mandala: Der Vajrameister (bzw. Dalai Lama) beginnt mit dem Zeichnen der Mitte, dem 'Geist-Mandala', von dem aus dann vier Mönche während fünf bis sechs Tagen mittels feiner röhrenförmiger Trichter, durch die bei ständigem Reiben der aufgerauhten Außenseite der verschiedenfarbige Quarzsand rieselt, das farbige Mandala 'malen'.

Die Ikonographie, Anordnung und Farbgebung sind bei diesen nur für wenige Tage existenten Farbsand-Mandalas, die zu den großartigsten künstlerischen und handwerklichen Leistungen der tibetischen Ritualkunst gehören, genau vorgeschrieben. Musterbücher mit den hauptsächlichen Figuren und Dekormotiven dienen als Hilfe. Was in der Ausführung eines Sand-Mandala oft höchst schwierig oder unmöglich werden würde, ist schon seit dem Tsongkhapa-Schüler mKhas grubrje (15. Jahrhundert) textlich legalisiert: die Gottheiten in einem Mandala können außer in ihrer figürlichen Erscheinungsweise auch durch Embleme oder Keimsilben dargestellt werden ~ dies ist die übliche Form der Initiations-Sandmandalas.

Da jede der fünf Buddhafamilien durch fünf solcher eingefärbten Fäden repräsentiert wird, ergeben sich 25 miteinander verbundene Grundrißlinien. Die Vorzeichnung wird der Tradition nach zweifach ausgeführt, etwa entsprechend einer ersten nach groben Vorzeichnungen und einer nachfolgenden exakteren Reinzeichnung. Dafür kennt man die Karma-Linie (Handlungs-Linie) und die Jnana-Linie

(Erkenntnis-Linie), von denen die erstere alle Handlungen hervorbringt und diese segnet.

Ein Versehen beim Errichten des Mandala kann zur rituellen Wirkungslosigkeit führen. Formale und handwerkliche Vollkommenheit ist Ausdruck innerer Vollkommenheit. Prinzipien, die auch z.B. in der Ikonometrie eines Buddha-Thangka, also in den Proportionen und Maßeinheiten der Komposition von großer Wichtigkeit sind. Ebenso sind größte Achtsamkeit und Konzentration in diesem Zusammenhang wesentlich.

Genaue Beschreibungen dieses Mandala-Rituals finden wir im Sarva-dur-gati-parishodha-Tantra[42] und in den 'Grundlagen der buddhistischen Tantras' des Tsongkhapa-Schülers mKhas-grub-rje.[43]

In den Anuttara-Yoga-Tantras, zu denen das Kalachakra gehört, kann die Vasen-Einweihung auf der Grundlage von vier verschiedenen Mandalas gegeben werden:

gemaltes Bild (Thangka) mit der zweidimensionalen Darstellung eines dreidimensionalen Mandala-Baus,

Farbstaub-Mandala,

---

[42] Übersetzt nach A. Wayman 1973, p. 92 ff.: Text wörtlich: „Reinigung aller schlechten Geschicke".

[43] mKhas-grub-rje: „Grundlagen der buddhistischen Tantras" (Rgyud sde spyihi rnam pa gzag par rgyas par brjod), 15. Jh.; nach A. Wayman 1973: „Nachdem der Ort gut gereinigt ist, setzt man sich in dessen Zentrum, nach Osten gerichtet. Nach einer vollständigen Anrufungsprozedur (sadhana) denkt man: „Ich werde das Mandala an diesem Ort zeichnen, gleich meiner Kontemplation darüber."

'Körper-Mandala': unsichtbar und nur in der Visualisation existent, da sich der Körper des Vajrameisters (Lama, Dalai Lama) in seinen verschiedenen Gliedern zu den verschiedenen Teilen (Aspekten) des dreidimensionalen Mandala-Baus und der Gottheit entwickelt: Der Körper des Menschen als Mandala. Verständnisgrundlage hierfür ist die Identität von Mensch und Universum.

'Mandala der Konzentration': ebenfalls unsichtbar. Erzeugt durch die Meditation und Konzentration des Vajrameisters auf die dreidimensionale Welt um ihn herum.

Das Kalachakra-Tantra kennt bezüglich der Schrifttradition zwei Überlieferungen:

Die noch erhaltenen Ausgaben des Originaltextes (siehe die Kapitel „Texte und Quellen" sowie „Geschichte und Überlieferung),
die dazu von Naropa *(ca. 1016-1100)* verfaßten Kommentare.

In der heutigen Praxis kommen noch einige seither verfaßte Kommentare hinzu, die bereits in den Kapiteln 'Texte und Quellen' und 'Geschichte und Überlieferung' genannt wurden.

Gemäß Naropa ist die Kalachakra-Einweihung nur durch ein Sandstaub-Mandala möglich, mit Ausnahme bei mittellosen Adepten wie z.B. bei in Höhlen lebenden Asketen, für die auch ein 'Mandala der Konzentration' möglich ist. Diese Tradition blieb seither für die Gelugpa verbindlich, während die Kagyüpa und die Mehrheit der Sakyapa nicht den Kommentaren des Naropa folgen. Dieses in der

Vorbereitung besonders aufwendige Mandala erklärt auch die relativ große Zahl (ca. 20) der jeweils den Dalai Lama bei diesen Zeremonien begleitenden Mönche.

Das zweidimensionale Mandala läßt sich auch in dreidimensionaler, Meruberg-artiger Gestalt visualisieren. Im Beispiel des Kalachakra bilden dabei die äußeren fünf Ringe die fünf Ebenen der Elemente (Äther bzw. Raum, Luft, Feuer, Wasser, Erde; siehe M. Brauen 1992, Abb. 41), die die Basis des Universums bilden. Darüber erhebt sich der dreigeschossige Mandala-Palast der Bereiche Körper, Sprache und Geist (die drei inneren Quadrate). Das eigentliche innere Mandala, göttliche Residenz und Abbild des Universums, ist ein dreidimensionaler Mandala-Palast, der über dem gleichsam realiter als Fundament und Grundriß dienenden flachen Sandstaub-Mandala sich 'strahlend und durchsichtig' erhebt und visualisiert wird. Dabei spielt die Dreidimensionalität auch auf den Mandalapalast 'des Körpers, der Sprache und des Geistes' an.

Wie sieht dieser Mandala-Palast in der Konzeption aus? Der nach oben abgestufte, insgesamt fünfstöckige Bau ist in seinem Umfang im Grundriß 200mal größer als wir, denn die Maßeinheit ist auf den Menschen bezogen. 100 menschliche Einheiten mißt die Höhe dieses unteren Stockwerks, die folgenden Geschosse haben jeweils halbes Maß, also 100 Einheiten Länge zu 50 Einheiten Höhe im folgenden ersten Obergeschoß usw.

Die Basis (Erdgeschoß) bildet der von einer Ringmauer umgrenzte Erdboden, auf dem wir uns versammeln. Der erste Oberstock ~ wie auch die zwei folgenden über Treppenaufgänge erreichbaren Stockwerke ~ hat vier Portale, die den Eintritt in das quadratische Kosmogramm des Mandala erlauben. Im Zentrum des dritten Obergeschosses stellt man sich den Vajrameister (Dalai Lama) als Kalachakra vor. Der ganze Bau wird von einem pagodenartigen Pavillon bekrönt. Über diesem Palast können ~ wie z.B. bei einem vom Panchen Lama 1932 im Lama-Tempel (Yong-he-gong) in Peking gegebenen Ritual ~ Gestirne abgebildet sein, die Welt als Zeit-Begriff versinnbildlichend. Ein besonders schönes dreidimensionales Kalachakra-Mandala befindet sich im Potala-Palast zu Lhasa (M. Brauen 1992, Abb. 44). Die gedanklichen und formalen Vorbilder dafür sind in der indischen Tempelarchitektur zu suchen. In Tibet selber finden wir im Kloster Samye das vollkommenste einer solchen 'imago mundi': Der Sakralbau als Abbild des Universums.

Der Mandala-Palast ist die Manifestation des 'Weisheits-Wahrheitskörpers von Buddha', eine Emanation des Buddhageistes. Die vier verschiedenen Sektoren sind eine Manifestation der verschiedenen Facetten der Erleuchtung. Die vier Tore entsprechen den „vier festen Beziehungen der Achtsamkeit" (Geshe Dhargyey).

Das Kalachakra-Mandala stellt das ganze Universum dar. Es enthält die Gottheiten der Zyklen der zwölf Jahre, vier Jahreszeiten, zwölf Monate und 360 Tage, zwölf Stunden, 60 Minuten, die fünf Elemente, acht Planeten, 28 Konstellationen, die Gottheiten der fünf menschlichen Aggregate und zwölf Sinnesbereiche, die fünf vereinigten Paare der männlichen und weiblichen Buddhas, die 15 männlichen und weiblichen Bodhisattvas: Kurz, ein symbolisches Abbild der existentiellen Grundlagen der Lebewesen.

Nach den Schriften ist das Universum ein Mandalazentrum, vom Weltenberg Meru mit seiner in der Spitze des Gipfels endenden axis mundi.[44] Und mit dem Meruberg gleichsetzen kann man auch den Mandala-Palast, den man sich architektonisch durchaus ungefähr in der Art des noch existierenden Samye-Klosters in Tibet vorstellen darf.[45] Die Symbolik des Mandala gibt die Entfaltung der Manifestationen Kalachakras wieder. Den vier Seiten des Mandala sind vier Farben zugeordnet, die denjenigen der vier Gesichter Kalachakras und damit den vier Elementen entsprechen. Jede Seite ist einem der Dhyani-Buddhas zugewiesen:

Osten	schwarz	Wind	Amogha-siddhi	Geistgesicht *(vorne)*
Süden	rot	Feuer	Ratnasambhava	Redegesicht *(links)*
Westen	gelb	Erde	Vairocana	Gesicht der tiefen Wahrnehmung *(hinten)*
Norden	weiß	Wasser	Amitabha	Körpergesicht *(rechts)*

Das Kalachakra-Mandala zeigt in dieser Zuordnung, z.B. in der Farbikonographie, eine bemerkenswerte Abweichung vom 'üblichen' Mandala-Schema (z.B. Westen ~ rot ~ Feuer ~ Amitabha). Die Gründe für diese Unterschiede sind noch ungeklärt.[46] Die Spitze des Man-

---

[44] siehe M. Henss, Tibet - Die Kulturdenkmäler, Zürich 1981, S. 37-44.

[45] siehe M. Henss, Tibet - Die Kulturdenkmäler, Zürich 1981, Farbabbildung 40-42 und Textabbildung S. 124/125.

[46] Nach A. Berzin 1985.- Siehe auch zur Farbikonographie G. Grönbold, Die Farbsymbolik in der buddhistischen Ikonographie. Asiat. Studien 32, Bern 1978: 117-122.

dala ist grün, die Farbe für die tiefe Wahrnehmung und dem Buddha Akshobhya zugeordnet, der hier als mit der in der Mitte vorgestellten Kalachakra-Gottheit identisch gilt.

Mit dem Eintritt des Schülers in das Mandala empfängt er die einzelnen Einweihungen, die wir an früherer Stelle (siehe das Kapitel „Die Einweihungsrituale des Kalachakra") beschrieben haben. Die Gliederung dieser Einführung mag hier den integralen Zusammenhang von Einweihung und Mandala-Ritual etwas weniger deutlich werden lassen und dem Kontinuum der ganzen Zeremonie nicht völlig gerecht werden. Dieser kritische Hinweis soll aber zumindest auf dieses Problem aufmerksam machen.

Im Kapitel „Die Einweihungsrituale des Kalachakra" wurde auf die 'Augenöffnung' des Schülers, d.h. auf das Abnehmen der Augenbinde zu einem bestimmten Zeitpunkt des Mandala-Einweihungsrituals hingewiesen. Vom Vajrameister 'wie ein Kind' geführt hatte der Adept visualisierend zunächst das Mandala betreten. Mit fortschreitender Initiation wurde er sehend, und nach Entfernen des Vorhangs um das Mandala authorisiert, dieses offenen Auges zu schauen. Nach der Kagyüpa-Tradition ist im ersten Teil der Initiation das (gemalte) Mandala von einem Vorhang verhüllt, was auf mystische Art im Ritual den Erleuchtungsprozeß charakterisiert. Erst wenn der unsere Augen bedekkende Schleier der Illusion gelüftet ist, die Wolken der Unwissenheit zerteilt sind, kann das Mandala enthüllt werden, dessen Bild nunmehr der Vajrameister erklärt. Am letzten Tag der Einweihungszeremonie ist das Farbsandmandala für alle Anwesenden zugänglich, die es nun anschauen können. Bis dahin wurde der Ort der Einweihung als der eigentliche Mandalathron des Kalachakra visualisiert. Nach dem Ende der Einweihung werden Opfer und Gebete an die Götter dargebracht. Die Initianten widmen ihren ganzen durch die Einweihung angesammelten Verdienst dem Wohl aller Lebewesen und der Verbreitung des Dharma. Mantras werden rezitiert und die Gottheiten gebeten, Nachsicht zu üben gegenüber eventuellen Unvollkommenheiten, die während des Rituals geschehen sein mögen. Dann ruft man die Gottheiten an, zu ihrem ursprünglichen Aufenthaltsort zurückzukehren.

Der Dalai Lama begibt sich nun zum Osttor des Mandala und meditiert über die Leerheit aller Erscheinungen, wobei er die Glocke (drilbu) bewegt. Anschließend wischt er das Mandala gegen die Mitte zusammen, bringt ein Mandalaopfer und zieht mit seinem Vajra eine Linie von jedem Tor und jeder Ecke zum Zentrum hin. Die bildlichen Symbole und Attribute der Gottheiten, die das Mandala schon verlassen haben, sind nun 'eingesammelt'. Das nur während des Rituals wirksame Meditationsinstrument wird wieder zerstört, so wie ein gemaltes Mandala wieder nach Gebrauch aufgerollt oder die Kapelle eines dreidimensionalen Mandalabaus wieder verschlossen wird. Nach Erlangen der Buddhaschaft bedarf der Initiierte keiner visuellen und rituellen Hilfsmittel mehr. Der Farbsand wird in eine mit Brokat und Bodhisattva-Krone wie eine Gottheit gekleidete Vase gefüllt, die man in einer Prozession zu einem nahen Gewässer bringt und darin leert. Das Mandala, das nur während des ganzen Rituals spirituell 'geladen' und existent war und danach nur noch Form und Farbe war, wird dem 'Fluß der Zeit' überantwortet. Der Mandala-Sand wird den hier wohnenden Nagas geopfert, die dadurch große Verdienste anhäufen ~ zum Nutzen der Menschheit (Wasser, Fruchtbarkeit, gute Ernte). Man füllt darauf das vasenförmige Gefäß mit Wasser und schüttet es am Ort des ehemaligen Mandala aus.

Phurbas ~ magische Ritualdolche ~ werden entfernt, die am Umkreis des heiligen Feldes das Übel abgehalten hatten. Die Phurba-Gotttheiten werden aufgefordert, zu ihren Herkunftsorten zurückzukehren. Ganz zuletzt setzt sich der Vajrameister (Dalai Lama bzw. der die Einweihung gebende hohe Lama) in das Zentrum der nun leeren Mandala Plattform und rezitiert nach allen vier Richtungen segenverheißende Verse. Die Identität des Meisters mit der Kalachakra-Gottheit in der Mitte des Mandalaortes ist ein letztes Mal besonders anschaulich geworden.

Zum Kalachakra-Mandala gehören, wenn man das äußere (des Körpers), das innere (der Rede) und das innerste (des Geistes) Mandala zusammenzählt, insgesamt 722 Gottheiten, alles Emanationen der zentralen Kalachakra-Gottheit. Davon sind die 33 des inneren Mandala, denen man hauptsächlich bei der Einweihung begegnet, die wichtigsten. Darüberhinaus gibt es nach dem verlorenen 'Kalachakra-Wurzeltantra'[47] noch ein äußeres 'Mandala der Planeten' mit 1620 Gottheiten. Somit ist das Kalachakra-Mandala das komplizierteste überhaupt. Andere Kalachakra-Mandalas haben 36 oder 32 Gottheiten, kleinere 25, 23, 19, 13 oder 9 Gottheiten oder auch nur eine einzelne Kalachakra-Gottheit (Yab-Yum oder nur männliche Gottheit), wie uns ein sich auf Tsongkhapa berufender Schüler des 3. Panchen Lama überliefert.

[47] Es soll nicht von Shambhala nach Indien bzw. Tibet zurückgebracht worden und damit auch nie ins Tibetische übersetzt worden sein (außer der 'Abhandlung über die Einweihung' des Naropa). Freilich soll es noch immer in Shambhala existieren, als geheimes Wissen und nur für die Reinen erfahrbar.

Diese Abbildung des **Namdschuwangdan** stammt aus dem Buch von Robert Bleichsteiner: Die Gelbe Kirche, Wien 1937.
Das Wurzel-Mantra des Kalachakra besteht aus sieben miteinander verschränkten 'mächtigen' Buchstaben und drei zusätzlichen Zeichen ganz oben.

Das Kalachakra-Mantra
"Das Mächtige Eine in Zehn Gestalten"

Als Glücks- und Schutzzeichen an den tibetischen Klöstern häufig zu sehen ist das Namdschuwangdan (rNam-bcu dbang ldan), ein Erkennungszeichen, Symbol des Kalachakra. Dieses im Sanskrit 'Dashakaro Vashi' genannte Emblem läßt sich etwa mit 'Das mächtige Eine in zehn Formen' oder 'Das in zehn Gestalten Mächtige' übersetzen. Es repräsentiert die Elemente und Kräfte im Mikro- und Makrokosmos und im unbelebten Universum. Die zehn Zeichen bzw. 'Keimsilben' (Mantras) werden von den kosmischen Keimsilben der Aggregatzustände gebildet, von Luft, Feuer, Erde, Wasser, ferner vom Weltenberg Meru, der Sphäre der Körperlosigkeit oder Nicht-Form (arupadhati), ferner von Sonne und Mond, den Symbolen des Männlichen und Weiblichen und dem 'Atem der Lebenskraft', schließlich von der 'Nadu', der Manifestation des Planeten und Dämons Rahu, der im Makrokosmos die Sonnenfinsternisse bewirkt und im Mikrokosmos die Flamme der unio mystica.

Alle zehn Teile sind so ineinander verwoben (siehe Abb. Seite 118) wie es die Teile des Universums sind und wie auch Mensch und Universum identisch sind. Neben den letzten drei Zeilen des Anunasika (Mondsichel, Sonnenscheibe, Flamme der Erkenntnis bzw. Planet Rahu) sind sieben Bija-Mantras, 'Keimsilben', zu einen Monogramm kombiniert. Ihre Beziehungen untereinander erklären auf mannigfaltige Weise das Funktionieren der inneren und äußeren Welt:

YA (M)	Luft	schwarz
RA (M)	Feuer	rot
VA (M)	Wasser	weiß
LA (M)	Erde	gelb
MA (M)	Meruberg	fünffarbig
HA (M)	formlose Welt	blau
KSHA (M)	formhafte Welt	grün

Hier stehen Erde, Wasser, Feuer, Luft (Wind) und Äther für den festen, feurigen, gasförmigen und kosmisch-ätherischen Aggregatzustand. Auf diese Art ist das Namdschuwangdan ein Symbol für die Durchdringung und Identität der Elemente. Und da diese äußeren Elemente auch im engen Bezug zu den inneren Elementen in unserem Körper stehen (Kanäle, Flüssigkeiten, 'Tropfen' usw.), ist das 'Mächtige Eine in Zehn Gestalten' ein Abbild des Kosmos und des Individuums, verbindet es Makro- und Mikrokosmos.

Die Rezitation des Kalachakra-Mantra macht uns bewußt, daß wir eine aus verschiedenen Elementen integrierte Einheit sind. Mantras sind Silbenformeln ohne übersetzbaren Sinn. Als Anrufungsformeln im Ritual sind sie magisch geladene Energieträger und können die Urkraft ganzer Texte in konzentrierter Form enthalten. Sie verschaffen, oft endlos rezitiert, dem Wissenden 'Verfügungsgewalt über die Kräfte und Potenzen, die er in Bewegung zu setzen wünscht'.[48]

Jedes Mantra ist mit einer bestimmten Gottheit assoziiert, und es hilft uns, bestimmte mit dieser Gottheit verbundene Qualitäten zu vergegenwärtigen, etwa das bekannte OM MANI PADME HUM für das dem Bodhisattva Avalokiteshvara eigene Mitleid (mit allen Lebewesen), oder im Falle des Bodhisattva Manjushri, ein klares Bewußtsein

---

[48] H. Zimmermann in 'Tibetische Kunst', Zürich 1969, S. 20.

zu bewahren. Warum gerade diese oder jene Silbe einem bestimmten Element, einer bestimmten Farbe oder einem gewissen Buddha entspricht, ist ein mystisches Geheimnis.[49]

Ein Mantra ist wörtlich übersetzt ein 'Werkzeug des Geistes', das den 'Geist vor abweichenden Gedanken schützen' soll: *'man'* ist 'Geist' oder 'Bewußtsein', *tra* bedeutet 'schützen'. Es ist ein „Mittel zur Erweckung und Konzentration bereits vorhandener Kräfte der menschlichen Psyche" (Lama A. Govinda). Seine Macht liegt darin, wie es gehandhabt wird. Mantras sind gleichsam archetypische Laut- und Wortsymbole, die im ständig wiederholten Aussprechen eine bestimmte Vibrationsqualität erhalten, die als 'Klang' etwas magisch bewirken kann. Hierfür mag das bekannte OM AH HUM stehen, das auch auf den Körperrhythmus 'Einatmen ~ Zurückhalten des Atems ~ Ausatmen' bezogen ist (mit dem Einatmen dringt Energie in den Körper).

Unser Geist verfügt zudem über eine große verbale Energie. Diese gebrauchen wir, um Mantras zu rezitieren. Das Hauptmantra des Kalachakra ist:

OM HA SVA HA KSHA MA LA VA RA YAM

Diese Keimsilben und Mantra-Formeln stehen in enger Beziehung zur Meditation. Als Hauptgegenstand einer visuellen, eine Meditation herbeiführenden Betrachtung sind sie selbständige, einem Kreis eingefügte 'Bilder'. Als Hilfsmittel können sie sogar einen regelrecht therapeutischen Zweck erfüllen, wenn in den Sadhanamala-Texten wie-

---

49 siehe zu den Keimsilben die Ausführungen H. von Glasenapps 1940. Unter den vielen Deutungen des Namdschuwangdan sei insbesondere auf diejenige in: Korvin- Krasinski, Die tibetische Medizinphilosophie, Zürich 1953, hingewiesen.

derholt geraten wird, ein bestimmtes Mantra zu sprechen, wenn man von der Meditation ermüdet ist.[50]

Das Namdschuwangdan taucht nach der Mitte des 10. Jahrhunderts auf, nachdem es der Tradition zufolge Tsilupa, der um 960 die Kalachakra-Lehre aus Shambhala nach Indien brachte, an das Portal der Klosterakademie Nalanda geschrieben haben soll.[51] Im Zustand voller Erleuchtung nimmt man den Körper von Kalachakra und von dessen Gefährtin Vishvamati an, geformt aus Energie und Bewußtsein, vergegenwärtigt ihn und löscht diesen materiellen Körper aus. Im Zustand der Vereinigung, der Höchsten Glückseligkeit, wird der Eingeweihte selber zu Kalachakra, dem ungeteilten Buddhaprinzip, der Einheit des Wissens und des Erkennbaren. Kalachakra, „der Vater der Buddhas, der die drei kayas[52] besitzt ~ der letztlich echte Buddha, der ungeteilte Herr".[53]

---

[50] siehe von Glasenapp 1940, S. 95.

[51] siehe Kap. 3. Der gesamte in Nalanda angeschriebene Text bei Csoma de Körös 1833.

[52] die drei Kayas = die drei Körper, nämlich Körper, Rede und Geist.

[53] Laghu Kalacakra tantraraja tika Vimalaprabha-Kommentar; Handschrift der Cambridge University Library, No 1364, zit. nach A. Bharati, Die Tantra-Tradition, Freiburg 1977, S. 184.

Kalachakra für den Weltfrieden

In einem Interview hat der 14. Dalai Lama die Bedeutung der Kalachakra-Einweihung für die Erhaltung und Ausbreitung des Weltfriedens in der heutigen Zeit herausgestellt. Die Teilnahme an der Einweihung könne friedenschaffende Energien vermitteln, die in diesem Tantra vorhanden sind.

Sollte das Motto der Initiationszeremonie in Rikon 1985 „Kalachakra – Für den Weltfrieden" keine unverbindliche 'ökumenische' Formel gewesen sein, müssen wir fragen, inwieweit dieses esoterische Ritual für die heutige Zeit wirksam ist, welchen Segen und Nutzen es in der Welt abgibt, die keineswegs mehr derjenigen eines Tsongkhapa oder Siebten Dalai Lama entspricht?

Kalachakra zu praktizieren, heißt, in Shambhala wiedergeboren zu werden. Was das im übertragenen Sinne bedeutet, war Thema des entsprechenden Kapitels dieser Einführung. Gemäß ihrer spirituellen Entwicklungsstufe und ihren Erwartungen empfangen die Anwesenden die sich auf sie übertragende Kraft der Einweihung. Die Auswirkungen sollen sogar das zukünftige Karma eines Hundes verändern können. Ziel dieser Lehre ~ wie auch der anderen Richtungen im tibetischen Buddhismus ~ ist es, den Geist des Menschen zu befreien von Unwissenheit und Täuschung, den Ursachen des Leidens. Nur so öffnet sich uns der Weg zur eigenen vollen Befreiung. Der Vajrayana-Buddhismus lehrt, die Erleuchtung auf schnellem, direktem Wege zu verwirklichen, da er einen Weg zeigt, dessen Praxis auf der Grundlage der subtilen Energien und ursprünglichen Bewußtseinsschichten beruht. Die Kalachakra-Yogalehre hilft uns, die groben körperlichen Energien zu beseitigen und dadurch der subtilen, feinstofflichen und ursprünglichen Energien gewahr zu werden, diese zu aktivieren und zu gebrauchen.

In der Mythologie Shambhalas bat der König jenes Landes eigens um diese Lehren, um den Menschen in dem dunklen, degenerierten Zeitalter ~ zu dem auch unseres gehört ~ helfen zu können. Wir erfuhren bereits, daß dieser Herrscher einst alle Feinde des Dharma besiegen und neue Gesetze zum Wohle aller Menschen schaffen werde. Im geistigen Umfeld von Shambhala wiedergeboren zu werden, dort die Erleuchtung eines Buddha zu entwickeln und mitzuhelfen, das gute Gesetz wiederherzustellen, dazu hilft einem die Kalachakra-Lehre.

Das Kalachakra-Tantra enthält die Gegenmittel für alle inneren und äußeren Hindernisse. Und, wie die Lamas sagen, gewährt die Einweihung auch Schutz gegen Krieg. Edward Henning zufolge werde sie auch bewußt zu Zeiten gegeben, wenn bestimmte politische Probleme anstehen. So ist es im indischen Exil unter den Tibetern geschehen, worauf der Dalai Lama sich zur Meditation zurückzog und darauf die Kalachakra-Einweihung gab (1976). Genau an dem zentralen Tag der Einweihung kam die Nachricht vom Mao Zedongs Tod.

Als 1932 der 6. Panchen Lama im Lama-Tempel von Peking (chines.: Yong-he-gong) eine Kalachakra-Einweihung „Für den Weltfrieden" gab, geschah das auf Wunsch chinesischer Buddhisten, „um eine Erlösung Chinas von der Gewalt seiner Feinde und eine allgemeine Befriedung der Welt zu wirken" (Helmuth von Glasenapp, 1940).

Eine Einweihung zu erhalten, heißt an einem Weg geistiger Kraftübertragung beteiligt sein, z.B. innerhalb dieses 'Rades der Zeit' der Kraft teilhaftig zu werden, unser Streben zum Guten, zum Wohle aller umzukehren, zu dauerhaftem Glück zu bringen. Nach Kalu Rinpoche

„die Fähigkeit zu erlangen, Konflikte zu lösen und Kriege zu verhindern, Frieden und Wohlergehen zu entwickeln, Nationen zu versöhnen, Temperaturen und Störungen in der Atmosphäre zu harmonisieren, Ernten zu verbessern, alle Leiden zu lindern, Liebe und Mitgefühl sowie Freude und Glück zu fördern. Des weiteren wird uns geholfen, einen menschlichen oder außergewöhnlich göttlichen Körper zu erlangen und am Ende des degenerierten Zeitalters in der Umgebung des wilden herrschenden Königs von Shambhala wiedergeboren zu werden. Er wird in unserer degenerierten Welt dann die Macht ergreifen und sie für positives Handeln einsetzen Er wird für das Wohlergehen aller lebenden Wesen wirken und uns in der Praxis der erleuchteten Wesen leiten“ (Kalachakra-Einweihung Stockholm, 1982).

Der 1. Panchen Lama (tibet.: Blo-bzań-chos-rgyam, 1571–1662), der einen berühmten vierbändigen, im Kloster Tashilhünpo gedruckten Kommentar zum Kalachakra-Tantra verfaßte.

König **Suchandra** (tibet.: Zla-ba-bzań), der 1. König von Shambhala, reiste weit nach Süden, um von dem Buddha das Kalachakra gelehrt zu bekommen. Suchandra brachte die Kalachakra-Lehren heim in sein Königreich Shambhala, wo er ein riesiges dreidimensionales Kalachakra-Mandala errichtet haben soll.

Über die Kalachakra-Einweihung

Von Seiner Heiligkeit dem 14. Dalai Lama[54]

Die Idee und der Sinn des Begriffs „Ich" ist eine bloße Projektion auf die vier oder fünf psychophysischen Aggregate, die einen Menschen ausmachen. Dennoch sucht dieses „Ich", das wir alle, auch die kleinsten Insekten, besitzen, von Natur aus Zufriedenheit zu finden und Not zu vermeiden.

Um den erwünschten Glückszustand zu erlangen und um unerwünschte Zustände der Frustration und Sorge auszumerzen, bemühen sich die verschiedenen Lebewesen je nach ihren individuellen Fähigkeiten alles zu tun, um diese Ziele zu erreichen. Das hervorzubringende Glück und die zu eliminierenden Sorgen sind unterschiedlicher Art. Ein Mann zum Beispiel erreicht ein bestimmtes Glück durch Essen, Wohnung und gesellschaftlichen Erfolg. Er leidet sehr, wenn man ihm dies wegnimmt; aber wenn man fragen würde, ob hier die Grenzen von Glück und Sorge erreicht sind, müßte man das verneinen. Gleich wieviel Nahrung er hat, wie schön sein Heim und wie erfolgreich seine Karriere sein mag, diese äußeren Verhältnisse alleine werden zu keinem dauerhaften Glück führen, wenn sein Geist durch geistiges Unwohlsein getrübt ist. Das zeigt, daß wir über unser leibliches Wohl und über unsere äußerlichen Lebensbedingungen hinaus eine Grundlage an innerem Frieden und geistigem Wohlbefinden zu schaffen versuchen müssen.

Welches Glück ist stärker, das aus äußeren Bedingungen erlangte oder dasjenige, welches aus geistigem Wohlbefinden

---

[54] Rede des Dalai Lama aus dem Jahr 1981. Aus dem Englischen (Tibetan Review 17, 1981) übersetzt von Michael Henss.

herrührt? Ist man auf die letztere Art glücklich, dann entstehen die Ursachen für das Leiden gar nicht erst, auch wenn die äußerlichen Bedingungen für das Glück nicht eintreten. Andererseits kann der angenehmste äußere Zustand dem Geist kein Glück bringen, wenn man des inneren Friedens beraubt ist. In diesem Sinne ist der innere Geisteszustand viel wichtiger als der Zustand der äußeren Bedingungen. Deshalb ist es wesentlich, daß wir selber die Mittel kennen, mit denen wir den inneren Frieden hervorbringen und erhalten. Das käme nicht nur uns selber in einem sehr spontanen, praktischen und lebensnahen Sinne zugute, sondern es ist auch höchst dringend für uns, geistige Weisheit zu entwickeln, in diesem Zeitalter, wo es so viele soziale Spannungen gibt, wo die Nationen der Welt so intensiv damit beschäftigt sind, miteinander zu rivalisieren und sich gegenseitig zu beherrschen, bis zur Bedrohung nuklearer Zerstörung.

Derzeit mangelt es der Welt nicht an technologischer oder industrieller Entwicklung. Was fehlt uns? Eine Grundlage für geistige und seelische Harmonie und Freude. Würden wir zum Beispiel die angenehmen Freuden eines liebenden und mitleidenden Bewußtseins hegen, erführen wir persönlich Frieden, selbst wenn wir mit äußerlichen Unruhen konfrontiert wären, und übten eine befriedende Wirkung auf unsere chaotische Umwelt aus. Wenn aber unser Geist anstelle geistiger Qualitäten von Gier, Eifersucht, Aggressivität, Stolz usw. beherrscht wird, können die besten äußerlichen Bedingungen dem Bewußtsein kaum Angenehmes einbringen. Deshalb dient dieser innere Frieden und Glückszustand nicht nur dem einzelnen, der es entwickelt, sondern auch der gesamten Menschheit.

Welches ist der Beitrag des Buddhismus zum menschlichen Streben nach geistigem Wohlbefinden? Die Wurzel des Buddha-dharma ist die Lehre von den Vier Edlen Wahrheiten, gesehen durch die Erhabenen, d.h.: Leiden, die Ursachen des Leidens, Befreiung vom Leiden, der achtteilige Pfad zur Befreiung vom Leiden. Die Wahrheit des Leidens bedeutet, daß wir lernen müssen, die verschiedenen Stufen des Elends, der Frustration und des Schmerzes zu erkennen. Wenn wir Leiden als Leiden erkennen, anstatt es mit Aufregung oder Vergnügen zu verwechseln, wie es gewöhnlich bei den subtileren Formen des Leidens der Fall ist, dann entwickelt das Bewußtsein eine Abneigung dagegen. Deshalb lehrte der Buddha, nachdem er vom Leiden gesprochen hatte, die Ursache oder den Grund des Leidens.

Erstens, haben die unerwünschten Zustände des Leidens, das wir erfahren, eine Ursache, oder erscheinen sie ohne Grund? Zweitens, wenn man ihre Ursachen bestimmen kann, vermag man es auch, sie zu eliminieren? Das sind wichtige Fragen. Wenn man realisiert, daß es in der Tat verschiedene Wege gibt, alle Ursachen des Elends zu beseitigen, gelangt man zu einer bestimmten Gewißheit der eigenen geistigen Fähigkeiten. Hieraus bildet sich ein Bewußtsein, das die Befreiung fördert.

Deshalb lehrte der Buddha die Dritte Wahrheit des Stillstandes oder der Befreiung vom Leiden. Wenn man erkennt, daß ein Zustand geistigen Wohlbefindens völlig jenseits von Leiden entwickelt werden kann, versteht man, daß Befreiung etwas ist, das innerhalb des Geistes erworben werden muß und nicht auf irgend eine andere Art. Wenn Makel und Verirrungen des Geistes in dessen eigener endgültiger Natur gereinigt wurden, hat man Befreiung erreicht. In diesem Fall sollten wir die zur Befreiung führenden Methoden innerhalb unseres eigenen Bewußtseinsstrom ausbilden und alle entstellenden Faktoren und Trübungen wie Anhaften und die anderen (Selbst-) Täuschungen, die so sehr unsere heutige Lebensweise beeinflussen, eliminieren. Wir müssen die aus einer falschverstandenen Wirklichkeit resultierenden täuschenden Denkgewohnheiten ändern und einen vollkommen reinen Geist verwirklichen.

Hier ist der „vollkommen reine Geist" auf das Bewußtsein bezogen, das die geistigen Gewohnheiten ungenauen Wahrnehmens der Gegenstände der Erkenntnis völlig beseitigt hat. Um das zu vollbringen, muß man eine Erkenntnis der Leerheit entwickeln, das heißt die Art und Weise, in der die Dinge tatsächlich existieren. Ist man auf dem Wege zu dieser Erkenntnis, kann der die Dinge trügerisch wahrnehmende Geist für eine Ruhepause einhalten. Wir sollten unsere Fähigkeit gebrauchen, aus uns selbst heraus den verwirrten Geisteszustand falscher Wahrnehmung der Dinge ~ sie anders zu sehen als sie tatsächlich existieren ~ zu zerstören, indem wir diese Erkenntnis der höchsten Seinsform der Wirklichkeit entwickeln. Buddha lehrte, daß, wenn wir diese Erkenntnis der höchsten Seinsweise ausbilden und dann darauf „einspitzig" meditieren, alle geistigen Verzerrungen eliminiert werden.

Diese letzte Seinsweise der Dinge wurde auf verschiedene Art erklärt, um den individuellen Fähigkeiten und Bedürfnissen der unterschiedlichen Schüler gerecht zu werden. Buddha unterwies seine Anhänger in vier Hauptschulen, um ihnen einen Weg zu weisen, den sie durch das Praktizieren über die niedrigeren Auffassungen der Wirklichkeit ~ als ein Mittel, sich für die höheren vorzubereiten - beginnen konnten. Der Prüfung durch die Vernunft unterzogen, widersetzen sich einige dieser Schulen der kritischen Analyse, und einige zeigen logische Fehler. Gleichermaßen müssen wir alle Lehren kritisch untersuchen und unterscheiden, welche wortgetreu zu nehmen sind und welche niedrigere Lehren sind, die Buddha in Übereinstimmung mit einer bestimmten Zeit und einem bestimmten Bedürfnis mitgeteilt hat und deshalb einer Deutung bedürfen. Jene Lehren, die, wenn sie geprüft werden, logische Schwächen erkennen lassen, müssen dementsprechend behandelt werden.

Von diesen vier philosophischen Schulen gibt die Madhyamaka-Schule die genaueste Beschreibung der höchsten Wahrheit. Wir sollten daher versuchen, ihre Lehren von der höchsten Natur der Wirklichkeit zu verstehen, indem wir sorgfältig ihre maßgebenden Schriften studieren und über sie meditieren.

Um innere geistige Kräfte zu erzeugen, die die verschiedenen mentalen Trübungen zu zerstören imstande sind, muß man sich einer wirkungsvollen Methode bedienen. Je wirkungsvoller die Methode, desto intensiver wird die eigene Beziehung zur Ansicht der Leerheit. Ist die eigene Methode stark, so werden auch die eigenen Meditationen über die Leerheit sehr mächtig, und die eigene Fähigkeit, die negativen Gewohnheiten der Gedanken zu zerstören, wird intensiviert.

Auf der Grundlage der zahllosen angewendeten Methoden werden die Lehren des Buddha in zwei Hauptfahrzeuge gegliedert: die Bodhisattvayana und die Shravakayana, gewöhnlich als Mahayana bzw. Hinayana bekannt.

Nach der Bodhisattvayana-Methode meditiert man darüber, daß alles, was man tut, zum Wohle der Lebewesen ist. Hat man einmal verstanden, daß alle lebende Wesen wie wir selber Glück anstreben und nicht Leiden, bildet sich in einem selber die Haltung der Verantwortlichkeit für deren Wohlbefinden. Diese Einstellung ist eine erstaunliche, wunderbare und äußerst mutvolle Kraft, wertvoller als irgendetwas anderes in der Welt. Gebraucht man sie als Ausgangspunkt für die Meditation über die letzte Natur der Dinge, dann werden diejenigen Kräfte, die Verblendung und Verzerrung zerstören, mühelos geschaffen.

In welchem Zusammenhang stehen die Methoden der Meditation über diesen altruistischen Erleuchtungsgeist (d.h. Bodhicitta; der auf die Erleuchtung gerichtete Geist) mit der Meditation über die Leerheit, wie es in den großen Madhyamaka-Lehren erklärt wird? Diese sind entsprechend der Einfachheit bzw. der Subtilität der Bewußtseinsstufe eingeteilt, auf der meditiert wird. Faktoren wie die Subtilität, die Stärke und Natur des eigenen Geistes usw. beeinflussen stark die eigene Erfahrung in der Ansicht der Leerheit. Wie kommt das? Die einfachen Stufen des Bewußtseins werden nicht zu einer so schnellen, unmittelbaren Erfahrung der Leerheit führen wie die subtilen; und ob das einfache oder das subtile Bewußtsein dies im Vorgang der Meditation auf der Grundlage der Einheit von Weisheit und Methode vollzieht, beeinflußt ebenfalls die Natur der Praxis. Eine Meditation, bei der Weisheit und Methode nicht im Einklang stehen, wird kaum zu bemerkenswerten Ergebnissen führen. Wenn aber der Geist in der Einheit von Weisheit und Methode aufgeht, dann ist die Meditation über die Leerheit äußerst wirksam.

Gemäß den buddhistischen Schulen, wonach sechs Bewußtseinssphären bestehen (diejenigen der fünf Sinne zusammen mit dem rein geistigen Bewußtsein) gibt es beides: die einfache oder gewöhnliche Stufe des Bewußtseins, die über die Leerheit auf der Grundlage vereinter Weisheit und Methode meditieren kann, und eine diese Meditation praktizierende subtile Bewußtseinsstufe.

Hat man einmal eine von der grenzenlosen Erleuchtung geförderte subtile Ebene des Bewußtseins entwickelt, und gebraucht man diese zur Erlangung der Leerheit, wird die Meditation außerordentlich machtvoll und vermag die Menge destruktiver geistiger Eigenschaften schnell zu zerstören.

Wo findet man die Praktiken der einfachen Bewußtseinsstufe, die der Verblendung mit Hilfe der ungeteilten Weisheit und Methode begegnen? Nach dem Sambhuta-Tantra gibt es vier Klassen von Tantras: Kriya-, Carya-, Yoga- und Anuttara-Yoga-Tantras. In den drei niederen Tantras entwickelt man ein einfaches, die Weisheit und Methode vereinendes Bewußtsein und meditiert dann über die Leerheit. Nur in den Texten des Anuttara- oder Höchsten Yoga-Tantra findet man die Yoga-Techniken für die mächtigen, subtilen Bewußtseinsebenen in der Meditation konzentriert, entstanden aus der Untrennbarkeit von Weisheit und Methode.

Um diese subtile Bewußtseinsebene zu entwickeln, müssen wir zunächst die Unruhe auf der einfachen Ebene des Bewußtseins eliminieren. Dazu wurden viele Methoden gelehrt. Eine solche im Höchsten Yoga-Tantra zu findende Methode betrifft das Festhalten der trügerischen Projektionen des Bewußtseins, in dem die Vitalenergien des Nervensystems in bestimmte Bahnen (Kanäle) gebracht werden. Nach einer zweiten Methode unterbricht man die Bewegung des gedanklichen Bewußtseins und vollzieht eine völlig nichtkonzeptionelle Meditation, um die den Geist störenden Faktoren zu beseitigen. Eine Anzahl verschiedener Praktiken dieses yogischen Pfades wurden entwickelt.

Hier möchte ich kurz über die im Kalachakra-Tantra enthaltenen meditativen Techniken sprechen, das seinerseits zur Höchsten Yoga Tantra-Klasse gehört.

Was macht den Pfad des Kalachakra-Tantra aus? Kalachakra ist ein tantrisches System mit mehreren einzigartigen Merkmalen. Gewöhnlich besteht das Anuttara-Tantra-System aus zwei Gruppen: „Verborgene Tantras" wie das Guhyasamaja und „Klare Tantras" wie das Kalachakra. Den Unterschied zwischen diesen beiden Systemen bildet die Vierte Einweihung. In den „Verborgenen Tantras" wird die Vierte Einweihung auf eine sehr esoterische Art und Weise offenbar, während sie in den „Klaren Tantras" in sehr transparenter Form dargestellt ist.

Obgleich all diese individuellen Systeme des Höchsten Yoga-Tantra gleich tiefgehend sind, hat doch jedes einzelne seinen besonderen Weg, der sie jeweils in Übereinstimmung mit der spezifischen Natur der dem Praktizierenden eigenen Vitalenergien, Nervensystemen, psychischen Prädispositionen, karmischen Bestimmtheiten usw. wirksam werden läßt. Wenn man das Höchste Yoga-Tantra-System ganz nach den eigenen individuellen Voraussetzungen ausübt, wird das Ergebnis bei weitem stärker sein, als wenn man über irgendein anderes System derselben Tantra-Klasse meditiert.

Wesentlich ist, daß man demjenigen System folgt, welches für uns persönlich am geeignetsten ist. Um dies mit einer Metapher zu verdeutlichen: ein Kranker nimmt eine für seine Krankheit speziell wirksame und eine seiner Natur entsprechende Medizin. Alle Systeme in den Höheren Yoga-Tantras sind gleich mächtig und wirksam, ihre Verschiedenheit liegt jedoch in der Anwendbarkeit hinsichtlich der physischen, psychischen und karmischen Verfassung des einzelnen, der sie praktiziert. Das wird aus der unterschiedlichen Art ersichtlich, in der die Menschen die Manifestationen des Feinbewußtseins und jener Energien erfahren, wie sie z.B. die Rauchvisionen in der Zeit des Todes enthalten.

Das Kalachakra-Tantra ist ein sehr spezielles Tantra für diejenigen, die die richtigen körperlichen, geistigen und karmischen Voraussetzungen mitbringen. Diese besonderen Qualitäten kommen zum Vorschein, nachdem man die vorgestellten Yoga (-Tantras) der Schöpfungsphase beendet hat und man den Yoga der wahren Vollendungsphase ausübt. Das Kalachakra-Tantra ist einzigartig in seiner Darstellung der sechs diese Vollendungsphase bildenden Yogas. Es ist nicht angemessen, diese Themen öffentlich darzulegen.

Was die Meditation der Schöpfungsphase des Kalachakra-Tantra angeht, die den Geist für die Yogaübungen der Vollendungsphase reifen läßt, so werden drei Kalachakras gelehrt:

> das Äußere Kalachakra – die Elemente des Universums, in dem wir leben;

das Innere Kalachakra – die psycho-physischen Aggregate, die Fähigkeiten der Empfindung und der Psyche der Lebewesen;
das Alternative Kalachakra – der Weg der Schöpfungs- und Vollendungs-Yogas, die die beiden vorangehenden Kalachakras zu reinigen die Macht haben.

Das Äußere Kalachakra wird gewöhnlich im Zusammenhang mit unserer Erdenwelt erklärt. Wenn man über das Kalachakra-Mandala meditiert, sieht man das Innere Kalachakra als den Körper, die Gesichter, Hände, Füsse usw., ebenso alle das Mandala umgebenden Gottheiten, die als Symbole der Sterne, Planeten, Gestirne usw. visualisiert werden. Hieraus wird für uns deutlich, daß Kalachakra eine besondere Beziehung zu allen Menschen dieser Erde hat.

Vom Standpunkt derer, auf dessen Begehren hin das Kalachakra-Tantra entwickelt wurde, ist ~ im Gegensatz zu allen anderen Tantras ~ Kalachakra auf die Bitte von Suchandra, König des legendären Landes Shambhala, gelehrt worden, der zum Wohle der in den 96 Königreichen seines Herrschaftsgebietes lebenden Bewohner nach Indien reiste und eine solche Unterweisung vom Buddha erbat. Daher hat Kalachakra eine spezielle Beziehung mit einem besonderen Land dieser Welt.

Von Suchandra ging die Übertragungslinie über eine Reihe von sieben Grossen Königen und 21 Kulika-Königen, angefangen mit König Manjushrikirti. Mit Erscheinen des 25. Kulika-Königs wird sich die besondere Beziehung, die die Menschen dieser Erde zu Kalachakra haben, in den Weltgeschehnissen intensiv mitteilen.

Obgleich Shambhala ein irgendwo auf dieser Welt gelegener Ort ist, ist es eine Region, die nur diejenigen zu sehen vermögen, deren Geist und karmische Neigungen rein sind. Der Buddha lehrte in Übereinstimmung mit den schicksalhaften Anlagen, die dem Praktizierenden zu eigen sind. Für den Durchschnittsmenschen lehrte er die Wege des Shravakayana und Pratyekabudhayana, für den Praktizierenden von reinerer karmischer Veranlagung den Bodhisattvayana bzw. den gewöhnlichen Mahayana-Weg. Für die wenigen Ausübenden der höchsten Fakultäten erschien Buddha in verschiedener Form, zuweilen als Mönch, zuweilen als tantrische Gottheit, und lehrte von den vier Tantraklassen die drei niederen; und in der Gestalt der die unlösbare Einheit von Methode und Weisheit verkörpernden Gottheiten lehrte er die Höchsten Yoga-Tantras.

Da diese Lehren durch mystische Erscheinungsformen des Buddha solchen Adepten gegeben wurden, die sich in einem mystischen Zustand gereinigten Karmas und Wahrnehmungsvermögens befanden, spielt es keine große Rolle, ob ein bestimmtes hier in Frage kommendes Tantra bereits zu Lebzeiten des historischen Buddha entwickelt worden war. Tatsächlich ist jedoch das „Wurzel-Tantra" (Sanskrit: Mula Tantra) von dem Buddha selber eingeführt und verbreitet worden. Des Buddhas direkter Schüler König Suchandra verfaßte den ersten Kommentar zum Wurzel-Tantra (Sanskr.: Kalachakra Tantra Tika), und Manjushrikirti, der erste Kulika-König, schuf ein „Verkürztes Tantra" (Sanskr.: Laghu Kalachakra). Manjushrikirtis Sohn Pundarika schrieb dann einen umfangreichen Kommentar „Unbeflecktes Licht" (Sanskr.: Vimala-prabha). Auf diese Art wurde das Kalachakra-Tantra weit über ganz Shambhala verbreitet.

Später unternahm Tsilupa (ca. 10 Jh.), ein gelehrter Meister aus Ostindien, eine Reise nach Shambhala, um dort das Kalachakra-Tantra aufzuspüren. Unterwegs begegnete er einer Inkarnation des Bodhisattva Manjushri und empfing von ihm die Einweihung, Schriften, Kommentare und mündliche Überlieferungen zum Kalachakra. Schließlich gab Tsilupa die Übertragungslinie an den in Bengalen geborenen Pandit Acharya weiter. Von jenem ging sie zu solchen Meistern wie Kalachakrapada I., Kalachakrapada II., zum Nalanda-Gelehrten Manjukirti und zum aus der Provinz Kham stammenden Tibetermönch Sang-gye Yeshe, der innerhalb der Hierarchie des Bodhgaya-Klosters bis zu dessen Abt aufstieg. Danach kam die Überlieferung auf den nepalesischen Pandit Samanta Shribhadra und verbreitete sich so allmählich über Indien und Nepal.

Der tibetische Yogi Ra Chorab (12. Jh.) reiste nach Nepal, um das Kalachakra unter Samanta Shribhadra zu studieren, und lud schließlich diesen Lehrer nach Tibet ein. Hier übersetzten beide alle auf Kalachakra bezogenen Hauptschriften.

Bibliographie

Bandyopadhyaya, Biswanath: A Note on the Kalacakratantra and its Commentary. (Journal of the Asiatic Society, Letters. Vol. 18, No.2, pp. 71-76). Calcutta 1952.

Bareau, André: Le Stupa de Dhanyakataka selon la tradition tibétaine. (Arts Asiatiques, tome XVI, pp. 81-88). Paris 1967.

Béguin, Giles: Un grand mandala de Kalachakra au musée Guimet. (Le Revue du Louvre et des Musées de France, Nr. 2, pp. 113-121). Paris 1978.

Bernbaum, Edwin.: Der Weg nach Shambhala. Hamburg 1982.

Berzin, Alexander: Kalachakra *(Übersetzte Tonbandabschrift)*. Aryatara Institut, Arnstorf 1985.

Berzin, Alexander: Introduction à l'initiation Kalachakra. Editions Vajrayogini, Marzens 1986, reedition 1994.

Bhattacharyya, Benoytosh: The Indian Buddhist Iconography. Calcutta 1968.

Bhattacharya, Benoytosh (Edit.): Nispannayogāvalī of Mahāpanditā Abhayākaragupta. (Oriental Series, 19.). Baroda 1972, dort pp. 76-86, mit genauer Beschreibung der einzelnen Gottheiten.

Blaue Annalen: The Blue Annals, edit. by N. G. Roerich (pp. 636, 638, 753-838, 1017, 1054 [The Kalachakra]). Delhi 1976.

Brauen, Martin: Das Mandala. Der heilige Kreis im tantrischen Buddhismus. Köln 1992.

Chandra, Lokesh: siehe Vira, Raghu und Chandra, L.: Delhi 1966.

Csoma de Körös, Alexander: Note on the Origin of the Kalachakra and Adi-Buddha Systems. (Journal of the Asiatic Society of Bengal, 2, pp. 57-59). Calcutta 1833.

Dalai Lama XIV.: Concerning the Kalachakra Initiation. Translated by L. T. Doboom Tulku and G. H. Mullin. (Tibetan Review 16, Nr. 4, pp. 8-12). Delhi 1981.

Dalái Lama XIV.: siehe auch J. Hopkins, London 1985.

Damdinsuren, T.: Commentary on Kalachakra or the Wheel of Time.(The Tibet Journal, Vol. 1, Nr. 1). Dharamsala 1981.

Dhargyey, Geshe Ngawang: An introduction to and an outline of the Kalachakra Initiation. (The Tibet Journal, Vol. I, Nr. 1, pp. 72-77). Dharamsala 1975.

Dhargyey, Geshe Ngawang: A Commentary on the Kalachakra Tantra taught by Geshe Larampa Ngawang Dhargyey. Dharamsala 1985.

Garje Khamtrul Rinpoche: A History and Geography of Shambhala. (The Tibet Journal, Vol. 3, Nr. 3.). Dharamsala 1991.

Glasenapp, Helmuth von: Tantrismus und Shaktismus. (Ostasiatische Zeitschrift, pp. 120-133). Berlin 1936.

Glasenapp, Helmuth von: Buddhistische Mysterien. Stuttgart 1940.

Goepper, Roger: Alchi. Buddhas, Göttinnen, Mandalas. Köln 1982.

Grönbold, Günter: Die Farbsymbolik in der buddhistischen Ikonographie. (Asiatische Studien, 32, pp. 117-122). Bern 1978.

Grönbold, Günter: Der sechsgliedrige Yoga des Kalacakra-Tantra. (Asiatische Studien, 37, pp. 25-45). Bern 1983.

Grönbold, Günter: Materialien zur Geschichte des Sadanga-Yoga. II.: Die Offenbarung des Sadanga-yoga im Kalacakra-System. (Central Asiatic Journal, 28, pp. 43-56). Wiesbaden 1984.

Grönbold, Günter: ~ desgl. III.: Die Guru-Reihen im buddhistischen Sadanga-yoga. (Zentralasiatische Studien, 16., pp. 337-347). Wiesbaden 1982.

Grönbold, Günter: ~ desgl. IV.: Tibetische Literatur zum Sadanga-yoga. (Wiener Zeitschrift für die Kunde Südasiens, 27, pp. 191-199). Wien 1983.

Grünwedel, Albert: Der Weg nach Shambhala. Abhandl. der Königl. Bayer. Akademie der Wissensch., München 1915. *(Hier in einer Anmerkung die Übersetzung eines Textes des Kalachakra-Tantra zum Namdschuwangdan-Zeichen).*

Hahlweg, K.: Der Dhanyakataka-Stupa. (Zeitschrift der Deutschen Morgenländischen Gesellschaft, 115, pp. 320-326). Wiesbaden 1965.

Henning, Edward: (Transkript) Tonband-Lektionen zu Kalachakra. Kamalashila-Institut, Schloß Wachendorf/BRD 1985.

Hoffmann, Helmut: Manichaeism and Islam in the Buddhist Kalachakra System. Proceedings of the IX th International Congress for the History of Religions. Tokyo 1960.

Hoffmann, Helmut: Das Kalacakra, die letzte Phase des Buddhismus in Indien. (Saeculum, 15, pp. 125 ff.). Freiburg/Br. 1964.

Hoffmann, Helmut: Kalacakra Studies I. Manichaeism, Christianity and Islam in the Kalacakra Tantra. (Central Asiatic Journal, 13, pp. 52 ff.). Wiesbaden 1969.

Hoffmann, Helmut: Kalacakra Studies I. Addenda et Corrigenda. (Central Asiatic Journal, 15). Wiesbaden 1972.

Hoffmann, Helmut: Buddha's preaching of the Kalachakra Tantra at the Stupa of Dhanyakataka. (In: German Scholars on India, Vol. I., pp. 136-140). Varanasi 1973.

Hoffmann, Helmut: Tibet ~ A Handbook (pp. 142-145). Bloomington 1975.

Hopkins, Jeffrey (translated, edited and introduced): The Kalachakra Tantra. Rite of Initiation for the Stage of Generation. A commentary on the text of Kay-drup-ge-lek-bel-sang-bo by Tenzin Gyatso, the Fourteenth Dalai Lama, and the text itself. Wisdom Publications, London 1985.

Kālacakra Tantra and Other Texts *[Sanskrit Ausgabe]*, siehe Vira, Raghu, Delhi 1966.

Kalachakra Initiation Madison 1981 (englischer und tibetischer Text). Madison 1981.

Kalachakra Initiation Schweiz 1985. Deutsche Ausgabe [revidierte Ausgabe von 'Kalachakra Initiation Madison 1981']. Winterthur 1985.

Kalu Rinpoche: Elfseitiger Text über das Kalachakra-Tantra, Belehrungen Kamalashila-Institut, Schloß Wachendorf/BRD 1984 *(genaue bibliographische Angaben waren dazu nicht verfügbar).*

Lama Ngawang: *(Maschinengeschriebenes Manuskript, 42 S.):* Einführung zur Kalachakra-Einweihung. Stockholm 1982.

Lessing, Ferdinand D., Alex Wayman: Introduction to the Buddhist Tantric Systems. Translated from mKhas-grub-rje's Rgyud-sde-sphyihi-rnam-par-gzag-pa-rgyas-par-brjod. Delhi 1983.

Mallmann, Marie-Thérèse de: Introduction à l'iconographie du Tāntrisme Bouddhique. *[Hier auf S. 69-73 über das Kalachakra-Mandala].* (Bibliothèque du Centre de Recherches sur l'Asie Centrale et la Haute Asie, Vol. I.). Paris 1975.

Minke, Gisela: The Kalachakra Initiation. (The Tibet Journal, Vol. I.,pp. 29 ff.). Dharamsala 1976.

Mullin, Glenn H.: The First Dalai Lama on Kalachakra. (Tibetan Review, 17, pp. 9 ff.).Delhi 1982.

Mullin, Glenn H.: Gendun Drub (The First Dalai Lama). Notes on Kalachakra. (In: Bridging the Sutras and Tantras, translated by G. H. Mullin, pp. 115-156). Ithaca/USA 1982.

Mullin, Glenn H.: The Practice of Kalachakra. Including Translations of important Texts on the Kalachakra Tantra. Ithaca, N. Y. 1991 *(enthält Texte zum Kalachakra in englischer Übersetzung vom 1., 7. 13. und 14. Dalai Lama sowie vom 1. und 6. Panchen Lama und von Butön).*

mKhas grub rje: Kommentar zum Kalachakra Tantra. (Nr. 5463 in: A Catalogue of the Tohoku University Collection of Tibetan works on Buddhism). Sendai/Japan 1953.

Naropa: Sekkodeśatikā. Being a commentary on the sekkodeśa section of the Kalachakra Tantra. Edited by M. E. Carelli (Gaekwad's Oriental Series, vol. 90). Baroda 1941.

Newman, John: The Outer Wheel of Time :Vajrayana Buddhist Cosmology in the Kalachakra Tantra. Ph.D. Dissertation. Madison/Wisconsin, University of Wisconsin 1987.

Newman, John: The Kalki Avatara of Vishnu and the Buddhist Kalkins of the Kalachakra Tantra: Myth as Polemic and Propaganda. Unpublished Paper presented at the 41st Annual Meeting of the Association of Asian Studies.

Newman, John: Islam in the Buddhist Kalachakra Tantra. Unpublished Paper presented at the Annual Meeting of the American Academy of Religion (year??).

Newman, John: Itinaries to Sambhala. In: Tibetan Literature. Studies in Genre. Essays in Honor of Geshe Lhundrup Sopa, ed. by José Ignacio Cabezón and Roger R. Jackson, pp. 458-499. Snow Lion, Ithaca/N.Y. 1995

Panchen Ötrul Rinpoche: The Stages of the Rite of a Tantric Initiation. (Chö Yang, Nr. 3, pp. 56-73). Hrsg. Council for Religious and Cultural Affairs Dharamsala. Dehli (1989/1990?).

Roerich, George N.: Studies in Kalacakra. (Journal of the Urusvati Himalayan Research Institute of the Roerich Museum, 2, pp. 11-22). Kulu/Indien 1934.

Geshe Lhundub Sopa ; Roger Jackson ; John Newman: The Outer Wheel of Time : the Kalachakra in Context /. Ed. by Beth Simon.Snow Lion Publ., Thaca/N.Y. 1991.

Taranatha: History of the Kalacakra. Kommentar zum Sekoddeśa Tika.

Tucci, Giuseppe.: Geheimnis des Mandala. Weilheim 1972.

Vira, Raghu und Lokesh Chandra (Editors.): *[Sanskrit Ausgabe]* Kālacakra Tantra and Other Texts. (Sata-Pitaka Series vol. 69). Delhi 1966.

Wayman, Alex: The Buddhist Tantras. Light on Indo-Tibetan Esotericism. New York 1973.